소통,
리더의
자격

경영 컨설턴트 한근태의
'소통 강의'

| 들어가는 글

소통은 리더의
가장 중요한 임무다

　소통이란 말만 들어도 신물이 난다. 너무 많은 사람들이 시도 때도 없이 소통의 중요성을 강조하기 때문이다. 난 소통이란 말을 들을 때마다 의문이 떠오른다. 그가 생각하는 소통의 재정의는 무엇일까? 과연 문제의 원인이 소통일까? 혹시 '소통! 소통!' 하는 사람이 소통이 가장 안 되는 사람 아닐까? 그런데 왜 이렇게 사람들이 소통에 관한 말을 많이 하는 것일까? 그만큼 소통이 중요하기 때문이다.

　소통이란 무엇일까? 무슨 일이든 가장 먼저 재정의를 해야 하고 재정의하는 방법 중 하나는 이를 한자와 영어로 생각하는 것이다. 소통은 한자로 소통(疏通)인데 '틀 소(疏)'와 '통할 통(通)'을 합친 것이다. 트는 일이 먼저고 그 다음이 통하는 일이다. 튼다는 건 서로의 벽을 허문다는 의미인데 너와 나 사이의 벽을 허물어야 통할 수 있다는 말이다. 그런데 순서가 중요하다. 내 벽을 허무는 게 먼저다. 내가 누구인지 상대에게 솔직하게 보여줘야 한다. 내가 나를 드러내야 상대도 속내를 보여준다. 내가 생각하는 소통은 "서로의 벽을 허물고 특정 주제에 대한 자신의 생각과 아이디어와 감정을 나누는 것"이다. 교감하는 것이다. 내 생각을 표현하고 상대 생각을 듣는 것이다.

소통을 뜻하는 영어 단어는 '커뮤니케이션(communication)'이다. 그리고 이 말의 어원은 'communicare'다. 나눈다는 뜻이다. 어떤 사실이나 정보나 느낌을 나눈다는 것이다. 혼자 떠들거나 주장하는 대신 내 생각과 감정을 타인에게 전하고 그의 생각을 알아차리는 것이 커뮤니케이션이다. 이런 면에서 소통의 키워드는 '나눔'이다. 나눌 수 있으면 소통이고, 나눌 수 없으면 불통이다.

소통이 잘되기 위한 전제 조건은 신뢰다. 깊은 신뢰가 있으면 별다른 말을 하지 않아도 소통이 가능하지만, 서로 간의 신뢰가 낮으면 그가 하는 말이 논리적이고 옳더라도 효과가 없다. "말이야 맞는 말이지만…"이라거나 "무슨 말인지는 알겠는데…"와 같은 말을 듣게 된다. 말이야 옳지만 왠지 하고 싶지 않다는 의미다. 소통을 잘하기 위해서는 이성과 감성이 합쳐져야 한다. 이성만 앞세워도, 감정만 내세워도 안 된다.

소통이 왜 중요할까? 소통은 바로 리더십이기 때문이다. 소통이 잘 이루어지는 조직을 만들면 리더십이 있는 것이고, 그 반대면 그 자체가 리더십이 없는 것이다. "불통즉통 통즉불통—(不通則痛 通則不痛)"이란 말이 바로 이 말이다. 한의학에서 하는 말인데 "통하지 않으면 아프고, 통하면 아프지 않다"는 뜻이다. 사람의 몸도 그렇고 조직도 그렇다. 통하지 않으면 문제가 된다. 마땅히 위로 전달되어야 할 정보가 중간에 막히면 호미로 막을 걸 가래로도 못 막는다.

1997년 8월, 대한항공 801편은 괌의 국제공항에 착륙하려다 니미츠 힐 언덕에 추락하는 일이 있었다. 이 사고로 탑승자 254명 중 228명이 사망했다. 내 고교 동기 중 천재 소리를 듣던 친구도 이 사고로 죽었다. 사고의 원인은 조종사 피로, 항공기의 활공각 지시기 오작동, 관제 시스템 문제, 악천후 등 복합적이지만 조종실 내의 소통 부재도 한몫을 했다. 기장 판단이 잘못됐다는 걸 알았지만 권위적인 조종실 내 분위기 때문에 부기장이 이의 제기를 못해 일어난 사건이다. 만약 자유롭게 의견을 개진해 부기장의 말을 들었다면 어땠을까?

지금 우리 조직은 어떠한가? 자유롭게 자기주장을 하는가? 아니면 높은 사람 혼자 떠들어대고 나머지는 묵묵히 이를 따르는 건 아닌가? 경영학의 아버지 피터 드러커(Peter Ferdinand Drucker)는 이렇게 말한다. "기업에서 발생하는 문제의 60%는 잘못된 커뮤니케이션에서 비롯된다." 다양한 직원들이 일하는 회사에서 소통 부족과 왜곡은 많은 문제와 갈등을 야기한다. 대부분의 문제는 소통 때문에 일어난다고 해도 과언이 아니다.

이런 면에서 리더십은 바로 커뮤니케이션이다. 원활한 커뮤니케이션이 이루어지도록 하는 게 리더의 가장 중요한 역할이고 임무다. 커뮤니케이션 없이 리더십 발휘는 불가능하다. 좋은 아이디어와 철학이 있어도 커뮤니케이션이란 통로가 막혀 있으면 별 소용이 없다. 현재 여러분 조직의 소통 상태는 어떠한가?

나는 소통이 직업이다. 말을 주고받으면서 서로에게 배우고 느끼고 깨닫게 하는 것이 내 직업이다. 만약 사람들이 나와 이야기를 나누면서 소통이 안 된다는 기분을 느꼈다면 난 더 이상 이 일을 하지 말아야 한다. 그럴 자격이 없는 것이다. 다행히 얼마간의 자격이 있었던 것인지, 지속적으로 '소통의 기회'를 얻을 수 있었다. 그러나 나에게도 소통은 여전히 쉽지 않은 일이다. 이런 이유로 늘 어떻게 하면 이 소통 문제를 해결할 수 있을지를 고민해 왔다.

그러다가 최재천 교수의 〈숙론〉이란 책에서 다음과 같은 내용을 읽고 큰 깨달음을 얻었다. "소통은 원래 안 되는 게 정상이다. 잘되면 신기한 일이다. 소통이 당연히 잘되리라 착각하기 때문에 불통에 불평을 쏟아내는 것이다. 소통은 안 되는 게 정상이라 해도 우리가 하는 거의 모든 일의 어느 순간에는 반드시 소통이 필요하다는 데 문제가 있다. 일찍이 아리스토텔레스가 우리를 가리켜 사회적 동물이라고 규정했다. 소통은 아무리 어렵더라도 반드시 이뤄내야 한다. 힘들어도 끝까지, 될 때까지 열심히 최선의 노력을 다해야 한다. 이제 우리 사회가 숙론을 통한 소통을 배워야 할 때다. 숙론은 '누가 옳은가(Who is right?)'가 아니라 '무엇이 옳은가(What is right?)'를 찾는 과정이다. 어떤 문제에 대해 함께 숙고하고 충분히 의논해 좋은 결론에 다가가는 행위다."

그동안 여러 곳에서 강의를 하고 여러 언론 매체에 글을 쓰면서 소통에 대해 여러 번 언급했다. 이 강의 내용과 매체 원고를 모아 한 권의 책으로 묶었다. 이 한 권의 책이 소통에 대해 진지하게 생각해 볼 수 있는, 작은 계기가 되기를 바란다.

2024년 8월, 경영 컨설턴트 **한근태**

목차

| 들어가는 글 | 소통은 리더의 가장 중요한 임무다 | 2 |

소통 강의 1   과연 소통이란 무엇인가?

01	확신이 넘치는 사람과는 소통하기 어렵다	12
02	강한 회사는 회의 시간이 짧다	15
03	말하는 것보다 침묵하는 것이 이득이라면	19
04	브리프 백(Brief Back), 소통 실수를 줄이는 법	23
05	구글은 아이디어에 목숨을 건다	27
	구글은 어떻게 일하는가?	
06	나 자신의 말과 행동이 일치하는가?	33
07	공감이 없다는 건 산소가 없다는 것	37
	공감이란 무엇인가?	
08	당신이 공감하지 못하는 까닭	42
09	과분한 자리에서 우쭐거리고 있는가?	45
	리더십과 주제 파악	
10	인간적으로 좋은 사람이 소통도 잘한다	48
11	커뮤니케이션 없는 리더십은 불가능하다	52
12	이 중요한 위기를 낭비하지 말 것	58
13	팀워크, 소통의 목적 중 하나	60
14	생각의 온도 차이를 줄이는 일	67
	내가 생각하는 소통의 정의	

소통 강의 2 입말인가, 몸짓말인가?

15	말이 아니라 마음을 전달하는 것이 소통이다	72
	관계와 커뮤니케이션	
16	입보다 얼굴이 훨씬 더 말이 많다	76
	얼굴과 커뮤니케이션	
17	재정의(Redefinition), 당신이 새로 내린 정의	79
18	중요한 것은 "상대가 무슨 말을 들었느냐"다	83
19	비유, 내 말을 상대의 뇌에 각인시키는 법	88
20	결론부터, 간결하게 말하는 것이 좋다	93
21	중복 없이, 그리고 누락 없이 답변하라	96
	미시(MECE)의 핵심	
22	한 마디를 해도 임팩트(Impact) 있게	99
23	참 쓸데없는 말, 아무 소용없는 말	103
24	잡담은 정말 쓰잘머리 없는 것일까?	108
25	때로는 침묵이 더 많은 말을 한다	112
26	눈높이로 말하라, 눈을 맞추고 말하라	116
27	군대 프리젠테이션의 추억	119
28	말을 해야 할 때, 하지 말아야 할 때	123
	소통은 타이밍이다	
29	빈말, 가식적인 말, 쓸데없는 말	126
30	메시지에 흥미로운 스토리(Story)를 입혀라	130

소통 강의 3 어떻게 소통할 것인가?

31	솔직해야 한다, 솔직함이 힘이다	138
32	권력 거리(Power Distance)를 좁혀라	141
33	리더는 늘 소통의 중요성을 강조하지만	146
34	커뮤니케이션을 비용으로 인식해야 한다	150
35	개인에 대한 관심이 필요한 이유	154
36	사무실 구조가 소통에 미치는 영향	158
37	강의장은 좁으면 좁을수록 좋다	164
38	15m 이상 떨어지면 유대감이 약해진다	168
39	소통은 공간의 지배를 받는다	172
40	상대를 제압하는 카리스마의 대가(代價)	178
41	행사장 밖 커뮤니케이션이 진짜다	181
42	먼저 인사하라, 먼저 말을 건네라	186
43	애정과 피드백 속도는 비례한다	189
44	솔직하게 말해도 안전할 것이라는 믿음	192
45	통하지 않으면 아프고, 통하면 아프지 않다	196

경영 컨설턴트 한근태의 소통 10계명　　　　　　　　　　　202

| 소 통 강 의 1

과연
소통이란
무엇인가?

직원들은 아무 말도 하지 않고,
사장 혼자 열심히 떠들어대고 있는가?
왜 이런 일이 벌어지는가?
과연 소통이란 무엇인가?

01 확신이 넘치는 사람과는 소통하기 어렵다

●

　자기 생각으로 꽉 찬 사람과는 소통하기 어렵다. 확신으로 넘치는 사람도 그렇다. 너무 아는 게 많아 남의 이야기를 들으려 하지 않는 사람과도 소통은 쉽지 않다. 자기주장이 너무 강한 사람도 곤란하다.
　왜 소통이 힘들까? 이런 사람과의 소통은 꽉 찬 주전자에 물을 더 채우려는 것과 같다. 소통이 힘든 사람들의 공통점 중 하나는 안이 꽉 차 있어 빈구석이 없다는 것이다. 당연히 남의 말을 듣지 않는다. 들으려 하지 않는다. 들을 준비가 되어 있지 않다. 경청 강의를 들은 후 간혹 듣는 척을 하는 경우도 있지만 머릿속은 자기가 할 말을 언제 할지에 집중되어 있다. 이야기하는 사람은 이 사실을 눈치채고 있다. 당연히 마음이 편치 않다. 겉도는 말만 할 수밖에 없다. 이런 사람은 점차 외로움을 느끼게 될 것이다. 만나자는 사람이 줄어들고 사람들이 그를 피하기 때문이다. 대화상대로 부적절한 사람이다.

리더의 가장 중요한 역할은 경청(傾聽)이다

리더가 이러면 조직 전체에 문제가 생긴다. 소통의 파이프라인이 막힌다. 모르는 사람과는 안 보면 그만이지만 리더는 그럴 수 없다. 보기 싫어도 봐야 한다. 이런 리더 밑에 있는 직원들은 서서히 입을 닫게 된다. 질문해도 답하지 않고 말이 없는 사람으로 변한다. 당연히 리더는 혼자 떠들게 된다. 자기가 입을 닫게 만든 주범이지만 직원들이 말을 하지 않기 때문에 할 수 없이 혼자 이야기할 수밖에 없다고 답한다. 아니 이렇게 눈치 없는 사람이 어떻게 그 자리까지 올라갔을까?

리더의 가장 중요한 역할은 경청(傾聽)이다. 경청이란 그저 남의 말을 듣는 게 아니다. 듣는 척하는 건 더욱 아니다. 내가 생각하는 경청은 "열심히 듣고 공감하고 질문하는 것"이다. 결과적으로 상대가 존중받았다는 느낌을 갖는 것이다. 만약 딴 생각을 한다든지, 답을 정해 놓고 질문하는 척한다든지, 무시하는 듯한 표정을 짓는다면 경청에 실패한 것이다.

그런데 경청의 전제 조건이 있다. 바로 빈구석이다. 빈구석이란 자신이 부족하다는 사실을 인지하는 것이다. 자신이 모든 걸 다 아는 건 아니란 걸, 아는 것이다. 모르는 건 모른다고 솔직하게 고백하는 것이다. 잘못했을 때는 잘못했다고 이실직고(以實直告)하는 것이다. 내가 모르는 걸 다른 사람은 알 수 있다고 가정하는 것이다. 그래야 경청할 수 있다.

"다른 사람과 소통하기 위해서는 먼저 자신의 판단을 내려놓아야 한다. 〈장자(莊子)〉에서는 이를 심재(心齋)라고 했다. 마음을 목욕재계한다는 뜻이다. 마음을 굶긴다는 의미다. 상대 이야기를 들을 때 자기 생각으로 가득 차 있으면 상대 말이 잘 들리지 않는다. 고정관념과 선입견을 갖고 들으면 상대 말이 왜곡되어 상대의 진정한 의도를 알아차릴 수 없다. 잔에 물이 가득 차 있으면 더 이상 물을 따를 수 없는 것과 같다. 자기 마음을 비우고 들어야 상대를 있는 그대로 볼 수 있다. 이를 여실지견(如實知見)이라 한다. 불교에서 말하는 '최고의 깨달음'이다. 지레짐작으로 판단하지 말고, 자기 판단을 내려놓고 상대 이야기를 끝까지 들어야 한다." 김종명의 〈리더, 절대로 바쁘지 마라〉에 나오는 대목이다.

02 강한 회사는 회의 시간이 짧다

망하는 회사의 공통점은 회의가 많고 회의 시간이 길다는 것이다. 왜 그럴까? 같이 걱정이나 하자는 것이다. 회의를 하면서 뭔가 대단한 일을 했다고 생각하는 것이다. 일종의 안전지대로 회의를 활용하는 것이다. 여러분 회사의 커뮤니케이션은 어떤가? 상하 간, 부서 간, 고객과의 커뮤니케이션이 원활하게 이루어지는가? 이것을 어떻게 알 수 있는가?

커뮤니케이션이 제대로 이루어지지 않으면 어떤 현상이 나타날까? 무엇보다 정보 흐름이 감소한다. 보고가 늦어지고, 직원들이 의견에 대해 말하기를 머뭇거리고, 논의는 물론 회의까지도 피하려 한다. 또 비현실적인 말로 거듭 상사를 안심시키려 한다. 사기가 떨어지고 불성실하게 되고, 협조가 안 되며, 이런 것들이 불만의 형태로 나타난다. 결국 이런 것이 고객 불평, 생산성 감소, 품질 저하 등 외부 신호로 나타나는데 이때는 너무 늦어 손을 쓸 수 없게 된다.

당신이 최고경영자라고 해 보자. 당신은 직원들이 하는 말을 잘 듣는 편인가? 만일 제대로 듣지 못한다면 그 이유는 무엇인가? 커뮤니케이션의 시작은 경청이다. 사실 경청의 중요성에 대한 이야기는 하도 들어 질릴 정도지만 그럼에도 불구하고 계속 강조되는 이유는 그만큼 어렵기 때문이다. 왜 최고경영자의 경청이 중요할까? 최고경영자가 잘 들어주면 정보가 위를 향해 움직인다. 반대로 경청 능력이 떨어지면 정보는 더 이상 위를 향하지 않고 막혀 버린다. 최고경영자의 경청은 커뮤니케이션의 가장 중요한 파이프라인이 되는 셈이다.

만일 어떤 조직의 커뮤니케이션이 원활하게 이루어진다면 이것의 반은 최고경영자가 잘 들어주기 때문이라고 봐도 된다. 그렇기 때문에 직급이 올라갈수록 경청이 중요해진다. 잘 들어주기만 해도 조직의 갈등은 많은 부분 해소된다.

직원이 말하지 않는 것은 사장의 책임

커뮤니케이션이 제대로 이루어지게 하려면 부하 직원이 솔직하게 보고하는 환경을 만들어야 한다. 최고경영자들은 이런 말을 자주 한다. "직원들이 이야기를 하지 않습니다. 직원들이 입을 닫고 있으니 나라도 이야기를 해야지 별 수 있습니까?"

하지만 왜 이런 일이 일어날까? 분위기 때문이다. 상하 관계에 있는 사람들 사이의 대화는 본질적으로 허심탄회하기가 힘들다. 솔직한 대화보다는 윗사람이 원하는 방향으로 발언하게 된다. 또 대부분 상사들은 격려보다는 비판과 평가에 능하다. 이런 이유로 괜히 나서서 봉변을 당하기보다는 가만히 있자는 생각을 하는 것이다. 우호적인 분위기 속에서 아이디어가 나온다. 비판보다는 다양한 생각을 인정하도록 해야 한다. 직접적인 거부보다는 유머나 질문을 던져 그 사람으로 하여금 다시 한번 생각하게 하라. 회의는 타인의 가치를 인정하는 데 가장 이상적인 모임이다. 사람들의 마음 문을 열어라. 이것은 당신의 책임이자 의무다.

1993년, 세계적인 인적 자원 컨설팅업체 '왓슨 와이어트 사(Watson Wyatt)'는 531개 기업의 CEO에게 이런 질문을 던졌다. "과거로 돌아가 한 가지를 바꾸고 싶다면 무엇을 바꾸겠는가?" 결과는 "직원들과 커뮤니케이션하는 방법을 바꾸겠다"는 것이 1등을 차지했다.

그렇다면 직원들과 커뮤니케이션하는 방법은 어떻게 바꾸어야 할까? 우선 오직 사실만을 전달하고, 가치 전달을 중단하도록 해야 한다. 변화를 멋지게 포장하고 싶은 충동은 뿌리치기 힘들다. 그러나 자기 가치를 전달하고 싶은 충동은 실제 자신이 가치에 맞지 않게 행동하고 있다는 증거이기도 하다. 가치를 전달하는 유일한 방법은 가치와 일치된 행동을 하는 것이다. 예를 들어 고객 만족을 중요하게 생각한다면 고객 만족 실적에 근거해 직원을 뽑고, 평가를 하고, 보너스를 지급하면 된다. 직원들은 경영자의 행동에서 가치를 찾아낸다. 실제 선전하고 떠들어대는 것은 도움이 되지 않는다. 오히려 악영향을 끼칠 수도 있다. 해결책은 오직 사실만을 전달하는 데 있다. 정말 개혁하기 위해서는 개혁을 부르짖을 필요가 없다. 하나하나 실천하면 되는 것이다.

그 다음으로 현장 책임자들과 직접 만나 의사소통해야 한다. 현장 책임자들은 직원의 태도와 행동에 큰 영향을 미치므로 변화가 성공하려면 이들의 존재가 중요하다. 현장 책임자 브리핑을 제도화하고 이들과 커뮤니케이션하라. 모든 사람들에게 차별 없이 제공되었던 정보를 현장 책임자에게 주면 이들은 정보와 영향력을 갖게 되어 힘과 지위가 함께 올라간다.

대립의 반대는 합의가 아니다, 무관심이다

효과적인 커뮤니케이션에서는 의도적 대립이 필요하다. 대립이 없으면 발전도 없기 때문이다. GM의 알프레드 슬로운(Alfred P. Sloan) 회장은 만장일치로 결정이 된 경우는 실행을 미루었다. 철저히 따져 보지 않았기 때문이라는 것이다. 대립이 없으면 반드시 짚어야 할 사안이나 전략적 이슈를 놓칠 수 있다. 잘못된 가정에 의문을 제기하지도 못 하고, 대안을 만들 기회를 놓칠 수도 있다. 이를 위해서는 객관적인 데이터에 의거해 문제에 집중하고, 예스냐 노냐의 의견 대립에서 대안을 늘리고, 공동으로 전략적 대안을 만들고, 유머를 활용하는 것이 방법이다.

겉으로 조화를 이룬 것처럼 보이는 합의는 효과가 없다. 대립의 반대는 합의가 아니다. 대립의 반대는 무관심이다. 귀찮으니까 그저 넘어가는 것이다.

"인간에게 있어 가장 중요한 능력은 자기 표현력이며, 현대의 경영이나 관리는 커뮤니케이션에 의해 좌우된다. 리더십은 곧 커뮤니케이션이다." 피터 드러커(Peter Ferdinand Drucker)의 말이다. 물론 경영자나 관리자에게만 해당되는 말은 아니다.

03 말하는 것보다 침묵하는 것이 이득이라면

●

　회의를 보면 그 회사가 망할지 흥할지 알 수 있다. 특히 회의 중간에 흡연실에 가 보면 바로 알 수 있다. 사람들이 이런 말을 한다면 이 회사는 오래 가지 못한다. "근본적인 문제점은 제쳐두고 엉뚱한 말만 하니 이야기가 자꾸 겉돌잖아. 무엇 때문에 이렇게 영양가 없는 회의를 계속하는 거야." 이들 모두는 회의를 해 봤자 아무것도 나아지지 않는다는 사실을 알고 있다. 회의를 한다고 문제가 해결되진 않는다. 이들은 다만 다른 사람 눈치를 보느라 참고 있는 것뿐이다. 꽉 막힌 조직의 특성이다.
　솔직하게 말하는 일은 두려운 것이다. 그래서 대부분의 조직에는 솔직함이 없다. 현실을 직시하는 것도 힘들고, 그런 이야기를 해서 평지풍파를 일으키려고 하지도 않는다. 당연히 솔직한 말보다 다른 사람들 듣기 좋은 말을 한다. 그러다 보니 커뮤니케이션은 늘 애매모호하다. 문제가 있다는 것인지, 있다면 얼마나 심각하다는 것인지, 무엇이 원인이고, 누구 잘못이고, 어떻게 하면 해결된다는 것인지 도대체 알 수 없다. 당연히 문제가 곪아 누구나 인정하지 않을 수 없을 단계가 되어야 비로소 수면 위에 떠오른다. 이쯤에야 해결책이 나오지만 이때는 이미 엄청난 대가를 치러야 한다.

직원들이 서슴없이 말할 수 있는 문화 만들기

그래서 조직을 운영하는 사람은 누구나 소통이란 말을 입에 달고 산다. 하지만 소통의 중요성을 강조한다고 소통이 되는 건 아니다. 어떻게 해야 소통이 원활한 조직을 만들 수 있을까?

<u>우선, 솔직한 이야기를 주고받을 수 있는 문화를 만들어야 한다.</u> 사람은 영물(靈物)이다. 세 살 아이도 집안 실세가 누구이고, 어떤 행동을 해야 자신이 원하는 것을 얻을 수 있는지 본능적으로 알아차린다. 하물며 성인인 우리는 어떠할까? 어느 조직의 장은 "직원들이 입을 열지 않아 고민"이라고 말한다. 그래서 어쩔 수 없이 자기가 말을 한다는 것이다. 이런 말을 들을 때마다 이런 생각이 든다. "사람들이 입을 닫고 있는 것이 문제는 아니다. 왜 사람들이 입을 닫고 있는지 원인을 파악해 입을 열게 해야 한다. 이게 리더의 역할이다."

<u>사람들이 침묵하는 건, 침묵하는 것이 뭔가 자기 생각을 표현하는 것보다 이익이 된다고 생각하기 때문이다.</u> 현재 당신 조직은 어떤가? 대다수가 침묵하고 듣기 좋은 말만 하는가? 소통의 책임은 철저하게 조직의 최상급자에게 있다. 그가 분위기를 좌우한다. 만약 그가 분위기를 만들지 못한다면 그는 리더의 자격이 없다.

<u>그리고 강의를 듣기만 하는 것보다는 스스로 참여하도록 유도하는 것이 좋다</u>. 일방적으로 강의를 들을 때는 꾸벅꾸벅 조는 사람들이 눈에 띈다. 반면 일정한 주제를 주고 일대 일로 대화를 나누도록 하면 조는 사람이 사라진다. 대화를 나누다가 자는 사람은 없다. 왜 그럴까? 인간은 일방적으로 듣는 것보다는 스스로 이야기하는 일을 좋아하기 때문이다. 조직의 소통도 그렇다. 누군가의 일방적인 훈화를 듣는 건 지루하지만 지루함을 없앨 수 있는 최선의 길은 바로 참여를 유도하는 일이다. 이 문제를 해결하기 위해 이렇게 해야 한다고 일방적으로 주장하는 대신 이 문제를 해결하고 싶은데 당신 의견은 어떤지 물어보라. 사람들은 눈을 반짝이면서 온갖 아이디어를 낼 것이다. 사람들에게 참여를 유도하는 질문을 하는 순간 이 문제는 그 사람들의 당면한 문제가 될 것이다.

　　그렇기 때문에 늘 이런 질문을 던져야 한다. 지금 이슈에 구성원들의 관심이 어떠한가? 참여를 유도하고 싶은데 이를 위해서는 어떤 일을 해야 할까? 참여 없이는 헌신 없다. 일방적인 설교 대신 그들의 의견을 물어보라.

　　뿐만 아니라, <u>건설적인 피드백을 돌려 주어야 한다</u>. 분위기를 만들고 참여를 유도했다고 소통하는 조직이 되진 않는다. 소통의 의미를 잘못 파악한 사람들은 무조건 자기 의견만 강하게 내세울 수도 있다. 말하는 사람만 말하고 나머지는 모두 침묵할 수도 있다. 엉뚱한 자기 의견을 전체 의견인양 몰아가는 사람도 있다. 잘못하다간 배가 산으로 올라갈 수도 있다. 이 때 중요한 게 건설적인 피드백이다. <u>피드백은, 잘하는 것은 잘했다고 말하고 잘못하는 것은 잘못했다고 말하는 것이다. 이렇게 함으로서</u>

조직에 활기를 불어넣고 잘못된 행동의 반복을 막을 수 있다. 오냐오냐 하는 것이 최선은 아니다. 이런 면에서 상사나 매니저의 가장 중요한 역할은 피드백이다.

통제 불능의 아이들은 대부분 부모의 피드백을 제대로 받지 못한 채 자랐기 때문에 그렇게 된 것이다. 만약 아이들이 잘못된 행동을 할 때 이에 대해 따끔하게 지적을 했다면 아이들이 그 지경까지 이르지는 않았을 것이다. 이는 조직에도 적용된다. 만약 한 사람이 너무 자기주장을 강하게 내세우고 다른 사람 의견을 듣지 않는다면 당신은 어떻게 하겠는가? 그 사람을 조용히 따로 불러 일침을 가해야 한다. 회의 시간 내내 한 마디도 하지 않아도 마찬가지 피드백을 해야 한다.

회의 운영을 보면 리더십을 알 수 있다. 소통 상태를 알 수 있는 최적의 장소이기 때문이다. 만약 그 장소가 귀곡산장 같은 느낌을 준다면 당신 조직은 심각하다. 만약 누구나 자신의 이야기를 솔직하게 털어놓고 다른 사람의 이야기에 귀를 기울이는 조직이라면 소통이 원활한 조직이다. 당신 조직은 어떠한가?

04 브리프백(Brief Back), 소통 실수를 줄이는 법

많은 조직의 장들에게 어떤 문제가 있는지 물어보면 대부분 소통이 문제라고 대답한다. 좀 구체적인 답변을 요청하면 부서 간 장벽이 높다, 상사에게 말을 안 한다, 회의에서는 아무 말이 없다, 자기들끼리 쑥덕인다, 문제가 커진 후 해결하느라 엄청난 비용을 쓴다는 식으로 이야기를 한다. 그런데 소통이란 말은 너무 막연하다. 어젠다가 너무 커서 정말 뭐가 문제인지 알 수가 없다. 이럴 때는 소통을 나누어 생각하는 것이 효과적이다.

소통의 업무적, 창의적, 정서적 측면

삼성글로벌리서치(옛 삼성경제연구소)는 소통을 3가지 영역으로 구분한다. 업무적 소통, 창의적 소통, 정서적 소통이 바로 그것이다.

밑줄친 <u>업무적 소통은 글자 그대로 원활한 업무를 위한 소통이다.</u> 업무적 소통의 핵심은 명확한 업무 지시다. 육하원칙에 의거해 일을 해야 하는 이유와 목적을 분명히 하고, 필요에 따라 방법과 구체적 지침까지 내려 주어야 한다. 그런데 실제는 그렇지 않다. 지시도 분명치 않지만 그걸 안 직원도 질문하지 않는다. 둘 다 미루어 짐작하는 것이다. 당연히 엉뚱한 일을 할 가능성이 크다. 도대체 왜 명확한 업무 지시를 하지 않는 걸까? 지시하는 사람이 자신이 알고 있는 걸 상대도 알고 있다고 착각하기 때문이다. 상대는 상사가 두려워 확인 질문을 하지 않기 때문이다.

그렇다면 명확한 소통은 어떻게 할 수 있을까? 가장 먼저 일의 이유와 목적을 분명히 설명해야 한다. Why와 What에 대해 확실하게 말해야 한다. 직원이 제대로 알아들었는지 확인해야 하는데 방법은 "당신이 이해한 걸 내게 설명해 보라"고 하고 그의 말을 들어보는 것이다. 이걸 '브리프 백(Brief Back)'이라고 한다. 소통의 실수를 줄이는 방법이다. 마지막에는 늘 추가 질문이 있는지 물어보는 것도 좋다. 관련해 다음 질문이 도움이 된다. 지금 지시가 꼭 필요한 지시일까? 지시받은 사람이 이 업무의 적임자일까? 이 사람의 현재 업무량과 상황은 어떠한가? 지금 하는 일도 과한데 여기에 더 보태는 건 아닌가? 지시만으로는 안 된다. 지원 방법을 알려줘야 한다. 필요하거나 걱정되는 게 있는지도 물어봐야 한다. 보고 방법과 횟수와 적절한 가이드라인을 제시해야 한다.

<u>창의적 소통은 반복되는 일과에서의 소통과는 다르다. 창의적 소통은 새로운 아이디어를 구하는 것이다.</u> 이러한 소통은 구글의 일하는 방법을 참고할 수 있다. 구글이 소통하는 방식은 자

유롭다. 정돈되고 질서 있는 사무실보다 어지럽고 요란한 환경을 지향하는데, 이는 직원들이 서로 부대끼는 가운데 상호 작용이 원활하게 일어나고, 아이디어가 솟아난다고 여기기 때문이다. "달을 향해 쏘라(Shoot for the moon)"는 구호도 전문성과 창의성에서 나온 도전 정신이다.

기존의 가치가 이곳에서는 전혀 힘을 쓰지 못한다. 계급보다 아이디어를 따라야 한다. 시장 조사도 하지 않는다. 고객들은 자신이 무얼 원하는지 알지 못하기 때문에 기업이 이걸 찾아야 한다고 생각한다. 이를 위해 끝까지 플랫하게 조직을 운영하고자 하고 의도적인 카오스 상태를 유지하고자 한다. 의도적으로 긴장, 갈등, 지적 충돌을 일으키게 한다. 당연히 일이 다반사로 겹친다.

그렇다면 어떻게 농땡이를 줄일 수 있을까? 상사가 모니터링하는 대신 자기들끼리 긴장과 협력을 유지하는 것이 중요하다. 이들은 스스로 찾고 협업 대상을 구한다. 이렇게 하지 않으면 생존할 수 없다. 이곳 관리자는 업무 지시를 하지 않는다. 대신 회사 전략을 알려 주고 스스로 일을 발견할 수 있게 도와준다. 자유롭게 아이디어를 내게 한다. 면담하면서 목표를 평가하고 목표를 설정하게 도와준다. 업무를 한 달 단위로 체크한다. 이들이 생각하는 상사는 코치다.

<u>정서적 소통은 직원 간의 친밀감 확보를 위한 소통이다.</u> "친하면 통한다"는 말이 있다. 한자로 말하면 '친즉통(親卽通)'이라 할 만하다. 투수와 포수가 아무리 우수해도 서로 간 친근감이 부족하면 투수는 포수의 사인에 대한 믿음이 낮아지고, 포수는 투수의 당일 컨디션을 파악하기 힘들다고 한다. 우선 친해야 한다. 상사와 동료의 눈빛만 보아도 상대 마음을 읽을 수 있다면 생산

성은 크게 오를 것이다. 반대로 상대를 불신하고 미워한다면 백약이 무효다. 친근감은 단순히 직원에게 인기를 얻는 것이 아니다. 마냥 잘해 주는 것도 아니다. 친근감은 나도 상대를 이해하고, 상대 역시 나를 이해하는 것이다. 늘 같은 편에 있다는 생각이 드는 것이다. 의견이 다를 수는 있지만 우리의 목표는 같다는 믿음이다. 정서적 소통은 업무적 소통과 창의적 소통의 기반이다. 정서적 소통이 안 되는 상태에서 업무적 소통과 창의적 소통은 이루어지지 않는다.

직원과의 친밀감을 확인하는 테스트가 있다. 오늘 만난 직원을 떠올려 보라. 다음 질문에 몇 개나 답할 수 있는지 보라. 이 직원이 사는 곳은? 배우자가 맞벌이를 하는가? 한다면 직업은 무엇인가? 자녀가 몇 명인가? 자녀의 나이는 대충 몇 살인가? 취미나 관심사가 무엇인가? 직원이 하는 일이나 개인적 고충은 무엇인가?

05 구글은 아이디어에 목숨을 건다

구글은 어떻게 일하는가?

●

'전문성과 창의력(smart and creative)'은 구글의 사시(社是)와 같은 개념이다. 구글이 자유로운 업무 환경을 추구하는 가장 큰 이유도 바로 전문성과 창의력을 키우기 위해서다. 그런데 중요한 건 이걸 조직 문화로 구현하는 것이다.

구글의 3대 문화는 첫째, 실패를 용인하는 문화다. 이들은 실패보다 우물쭈물 머뭇거리다가 지나치는 일을 더 두려워한다. 둘째, 직원 역량을 정확히 판단하는 것이다. 뛰어난 사람을 비난하고 엉뚱한 사람을 인정하는 일을 두려워한다. 셋째, 아이디어 쌓기다. 아이디어는 하루아침에 나오는 것이 아니기 때문에 축적에 신경을 써야 한다는 것이다. 시장 변화에 따라 조직도 계속 변화하기 위해서는 자꾸 새로운 시도를 해야 하고 시도가 성공하기 위해서는 여기에 맞는 사람이 필요할 것이다. 그리고 역량의 축적, 정확한 역량 파악이 중요할 것이다.

건강한 경쟁이 살아 숨쉬는 조직 문화

　기업 문화를 강조하는 구글에는 CCO(Chief Culture Officer ; 최고 문화 책임자)가 있다. 구글의 CCO 겸 인사 책임자인 스테이시 설리번(Stacy Sullivan)은 "꾸준하게 성장하면서 건강한 경쟁이 살아 숨쉬는 조직 문화를 유지하는 게 구글의 목표"라고 말한다.

　이를 위해 가장 중요한 건 조직 문화에 맞는 사람을 채용하고 교육하는 것이다. "구글의 인재상은 가능한 한 넓은 배경을 갖고, 여러 가지 일을 소화할 수 있는 제너럴리스트다. 생각이 유연하고, 협력을 잘하고, 일을 즐기는 사람이다. 타이틀에 얽매이거나 완고한 사람은 사절이다. 우리는 일을 잘할 만한 사람을 찾는다." 이들은 채용에 목숨을 건다. 그런데 어떤 사람을 선호할까? 열정 있는 사람이다. 이들은 지속성, 근성(根性), 진정성, 끊임없이 전념하는 태도 등을 가지고 있다.

　우수 인력은 또 다른 우수 인력을 끌어들인다. 일종의 쏠림 현상이다. 최고 수준의 인력은 무리를 지어 이동한다. 그러므로 빈자리가 있다고 아무나 채용하지 않는다. 질적 수준은 양보하지 않는다. 이들은 다음 네 가지를 주로 본다. 첫째는 리더십이다. 리더십은 개인이 아닌 팀이 성공하도록 돕는 능력이다. 둘째는 업무 지식이다. 혼자만의 기술이 아니라 다양한 힘과 열정을 가진 사람을 원한다. 셋째는 일반적인 인지 능력이다. 성적증명서보다 어떤 사고를 하는지 더 관심이 높다. 문제 해결 방법이나 통찰력을 본다. 넷째는 구글다움을 본다. 조직 문화가 맞아야 하는데 이들은 독특한 사람을 좋아한다.

구글 본사의 리셉션은 구글 상징색으로 요란하다. 잘 정돈된 환경보다 요란한 분위기를 지향하는 구글의 철학을 물씬 느낄 수 있다.

교육도 무지무지 강조한다. "신입사원 교육은 몇 달 동안 멘토링과 교육 프로그램을 진행한다. 어느 시점에는 스스로 알아서 일하는 사람(self-starter)이 되어야 한다. 매주 100명이 넘는 사람이 들어오기 때문에 모든 일을 일일이 가르쳐 줄 수 없다." 조직이 매우 수평적인데 이유는 창업자 래리 페이지(Larry Page)와 세르게이 브린(Sergey Brin) 두 사람이 일반 엔지니어들과 직접 커뮤니케이션하길 원하기 때문이다. 중간 간부를 거치는 건 생산적이지 않다고 생각한다. 위계질서를 신경 쓰지 않으면 조직이 더 빨리 움직일 것이다. "직원들 스스로 권한을 갖고 있다고 느끼게 해야 한다. 동료 간 내부경쟁 역시 건강한 경쟁력으로 전환시켜야 한다. 새로운 배움과 도전의 길을 열어야 한다."

직원들 스스로 협업 대상을 구하고 아이디어를 찾는다

구글은 평가에도 신경을 쓴다. 자칫하면 방만한 조직이 되기 쉽기 때문이다. 어느 조직이든 직원들은 농땡이를 칠 수도 있다. 어떻게 하면 농땡이를 줄일 수 있을까? 구글은 상사가 모니터링하는 것보다 자기들끼리 긴장과 협력을 유지하게 한다. 사실 상사는 부하가 농땡이를 치는지 열심히 일하는지 알기 어렵다. 하지만 동료들은 쉽게 안다. 서로가 서로를 의식하게 하는 것이 중요하다. 아이디어를 찾고 스스로 협업 대상을 구해야 한다. 농땡이를 치거나 대충 일하거나 책임감이 없으면 협업 대상을 찾기 어렵다. 당연히 조직에서 생존할 수 없다. 이곳 관리자는 업무 지시를 하지 않는다. 대신 회사의 전략을 알려 주고 스스로 일을 발견할 수 있게 도와준다. 자유롭게 아이디어를 내게 한다. 면담하면서 목표를 평가하고 목표를 설정하게 도와준다. 업무를 한 달 단위로 체크한다. 한 마디로 코치 역할만 한다.

의사 결정 과정 또한 중요하다. 누가 어떤 과정을 거쳐 어떤 결정을 하는지가 미래를 결정한다. 급여를 가장 많이 받는 사람의 말은 듣지 말아야 한다는 것이 구글의 철학이다. HIPPO(Highest Paid Person's Opinion)란 '가장 월급을 많이 받는 사람의 의견'을 뜻하는 말이다. 물론 히포(hippo)는 또 하마를 뜻하는 영어 단어다. 하마는 위험한 동물이다. 빠르고 자기 영역에 적이 들어오면 가리지 않고 죽인다. 회사 내의 히포(HIPPO)도 마찬가지다. 의사 결정의 품질은 급여 수준과는 무관하다. 오로지 설득력이 있을 때만 가치가 있다. 그런데 대부분 회사에서는 히포가 큰 소리를 친다. 중요한 건 아이디어의 품질이지 그의 직급이 아니다.

직원 직무기술서 따위는 필요없다

구글은 자유롭다. 정돈되고 질서 있는 사무실보다 어지럽고 요란한 환경을 지향하는데, 이는 직원들이 서로 부대끼는 가운데 상호 작용이 원활하게 일어나고, 아이디어가 솟아난다고 여기기 때문이다. 자유로운 근무 환경을 제공하는 이유는 전문성과 창의성 때문이다. "달을 향해 쏘라(Shoot for the moon)"는 구호도 전문성과 창의성에서 나온 도전 정신이다. 달을 향해 쏘면 "실패할지라도 별들 사이에 도착해 있을 것(Even if you miss, You'll land among the stars)"이다.

기존의 가치가 이곳에서는 전혀 힘을 쓰지 못한다. 계급보다 아이디어를 따라야 한다. 시장 조사도 하지 않는다. 고객들은 자신이 무얼 원하는지 알지 못한다. 기업이 이걸 찾아야 한다. 마케팅도 하지 않는다. 오로지 기술 혁신에 목숨을 건다. 경쟁에도 치중하지 않는다. 진정 필요하지만 개발하지 못한 걸 찾고 개발해야 한다.

이를 위한 두 가지 원칙이 있다. 끝까지 플랫하게 조직을 운영할 것과 의도적인 카오스 상태를 유지하는 것이다. 이들은 R&R(Role&Responsibility ; 개인의 역할과 책임)에 따른 직무 기술서가 없다. 일부러 긴장, 갈등, 지적 충돌을 일으키게 한다. 당연히 일이 다반사로 겹친다. 이런 과정을 거쳐 구글뉴스, 에드센스, 지메일이 나왔다.

여러분 조직은 어떻게 일하는가? 그게 생산적이라고 생각하는가? 구글에서 배울 점은 무엇이라고 생각하는가?

06 나 자신의 말과 행동이 일치하는가?

누구나 알고 있지만 가장 힘든 일이 무엇일까? 자기 주제를 파악하는 일이다. 우리는 자신의 모습을 알기 어렵다. 거울 속에 비친 모습도 진정한 내 모습이 아닌 뒤집어진 모습이다. 실제 녹음기에 메시지를 저장했다 들어보면 "이거 내 목소리 맞아?" 하는 생각이 든다. 비디오에 찍힌 모습을 다시 봐도 친근감보다는 나와는 다른 사람이란 생각이 들 때가 있다.

물리적인 모습이 이러하니 내적인 내 모습, 남의 눈에 비친 내 모습에 대해 정확하게 인지하는 것은 쉬운 일이 아니다. 평소 남들 앞에서 많은 말을 하고, 그럴듯한 글을 쓰고, 자문하는 직업을 가진 나는 남들 눈에 비친 내 모습에 더 큰 두려움을 갖는다. 아무 말도 하지 않고 가만히 있으면 중간이나 가지만 쉴 새 없이 말을 해야 하기 때문에 더 신경을 쓰게 되는 것이다. 도대체 사람들은 나를 어떻게 평가하고 있을까? 겉으로 표현은 안 하지만 '너나 잘하세요'라고 말하고 있는 것은 아닐까? 나 자신은 말과 행동이 일치하는가? 만일 그렇지 못하다면 어떻게 나 자신을 개선시켜야 하는 것일까?

진짜 실력으로 성공했는가? 운이 좋았을 뿐인가?

운전을 하다 보면 뒷유리에 "Baby on the car"라는 표시를 종종 보게 된다. 차 안에 아기가 있으니 조심해달라고 다른 사람에게 부탁하는 것이다. 그런데 이런 차 중 운전을 험하게 하는 차들이 제법 있다. 지금은 차에 아기가 없으니까 마구 운전을 할 수도 있지만 확실한 건 운전자 자신이 주제 파악을 하지 못하고 있다는 사실이다. 남들 보고는 조심하라고 하면서 정작 자신은 엉망으로 운전하는 것이다. 이처럼 주제 파악은, 말은 쉽지만 정말 쉽지 않은 주제다. 아기를 태운 아빠가 주제 파악을 하지 못하면 결과는 자동차 사고로 이어지지만 한 기업의 대장이 주제 파악을 하지 못하면 기업이 무너진다.

기업들의 경영 위기나, 국책 은행들의 실수를 보면 리더의 주제 파악이 얼마나 중요한지 알 수 있다. 난 정말 이들의 속내가 궁금하다. 이렇게 일을 해도 괜찮을 걸로 생각했을까? 엉뚱한 사람을 보내 경영을 해도 문제가 없을 걸로 생각했을까? 적자투성이 회사에 빨대를 꽂고 단물을 빨고 싶었을까? 자신에게 뭔가 문제가 있다는 생각은 하지 못했을까? 아마 인지하지 못했을 가능성이 높다. 자기반성 능력이 없다는 사실은 틀림이 없다. 그러니 이런 행동을 하는 것이다.

모 화장품 회사는 한때 전성기를 구가했다. 한류 바람 플러스 그동안의 역량 축적으로 주가는 100만원이 넘었다. 세상 부러울 게 없는 회사였다. 하지만 이 회사 회장은 늘 임원들에게 다음과 같은 질문을 던지곤 했다. "지금 우리가 이렇게 잘 나가는 게 우리 실력 때문입니까? 아니면 뭔가 외부적인 요인 때문입니까?" 그는 실력 때문이 아닌 외부 요인 때문이라고 생각했던 것이다. 거품이 있기 때문에 거품이 꺼지면 "한 방에 훅 갈 수 있다"는 것이고 이를 임원들이 알아야 한다는 것이다. 그가 임원들에게 가장 강조한 것이 바로 자기반성 능력이다.

기업의 자기반성 능력이 기업의 힘이다

자기반성은 쉽지 않지만 이걸 해내면 지속해서 성장하고 발전할 수 있다. 최선은 이 회사 회장처럼 잘 나갈 때도 끊임없이 자기 모습을 살피는 것이다. 자기반성을 위해서는 중심을 잡을 수 있어야 한다. 지금 이 상황이 내 실력으로 인한 것인지 아니면 단지 운이 좋아서 그런 것인지 생각할 수 있어야 한다. 아부하는 사람 대신 쓴소리 하는 사람을 둘 수 있어야 한다. 대부분 사람들은 간신에 둘러싸여 달착지근한 말에 취한다. 그러다 한 방에 '훅 가는' 것이다.

운전자가 접촉 사고를 냈다면 이게 누구 잘못일까? 뒤에서 추돌한 경우를 제외하곤 대부분 운전자 잘못이다. 과속을 했건 차선을 변경했건…. 조직이 사고를 냈다면 이건 누구의 잘못일까? 바로 경영자 잘못이다. 중국이 쫓아 왔건, 노조가 말을 듣지 않았건, 직원을 잘못 뽑았건…. 그런데 자신의 과오를 솔직히 고백하는 사람을 본 기억이 별로 없다. 그만큼 자기반성은 쉽지 않다. 소통도 그렇다. 잘되는 조직일수록 상사가 자주 "내가 잘못이다, 이건 내 탓이다"란 말을 한다. 현재 여러분의 조직은 어떠한가? 현실을 냉정하게 보고 있는가? 철저한 자기반성이 이루어지고 있는가?

07 공감이 없다는 건 산소가 없다는 것

공감이란 무엇인가?

●

　소통에서 가장 중요한 건 공감이다. 공감대를 형성하는 일이다. 공감이란 소통 채널이 없는 상태에서는 아무리 많은 대화를 주고받아도 소용이 없다.

　이런 공감은 위로 올라갈수록 더욱 필요하다. "우리 몸에서 어느 일부가 아프면 몸 전체가 아픔을 같이하듯이 국가에서 어느 계층이 고통을 당할 때 그 고통을 우리 모두의 고통으로 받아들였는가? 한쪽 팔에서 피가 흐르는데도 무관심한 몸이 정상적인 몸일 수 없듯, 구성원 일부가 어떤 어려움을 당해도 상관하지 않는 사회가 정상적인 사회일 수 없다. 배만 잔뜩 부르고 머리가 텅 빈 몸이 건전한 몸일 수 없듯 경제적으로만 살찌고 문화적으로나 정신적으로는 허탈한 상태를 면하지 못하는 국가도 건전한 국가일 수 없다." 비교종교학자 오강남의 말이다.

좋은 리더는 공감 능력이 뛰어난 사람이다

좋은 리더는 바로 공감 능력이 뛰어난 사람이다. 그렇다면 공감이란 무엇일까? 공감은 눈높이를 맞추는 일이다. 그 사람 수준에 맞게 이야기하는 것이다. 공감은 입장을 바꿔 생각하는 능력이다. 역지사지(易地思之)할 수 있는 능력이다. 다른 사람 입장에서 보고, 그 사람의 감정을 느끼는 능력이다. 과부 사정은 홀아비가 잘 아는 법이다. 어렵게 살아 본 사람만이 어려운 사람 처지를 이해할 수 있다. 그래서 일류 선수는 일류 감독이 되기가 쉽지 않다. 벤치를 지켜보고 후보 선수 생활을 해 봐야 그들의 감정을 이해하고 그들의 마음 사는 방법을 안다. 훌륭한 낚시꾼은 고기 입장에서 생각할 수 있는 사람이고 좋은 장군은 사병 입장에서 생각할 수 있는 사람이다. 말은 쉽지만 결코 쉽지 않다. 개구리는 올챙이 적 생각을 하지 못하기 때문이다.

공감(共感)은 동감(同感)과 다르다. 동감은 그 사람과 같은 생각을 갖는 것이지만 공감은 그렇지 않다. 사람은 모두 다르고 다른 의견을 가질 수 있는데 그 사실을 인정하는 것이 공감이다. 이런 면에서 공감은 심리적 산소다. 공감이 없다는 건 산소가 없는 곳에서 말하는 것과 같다. 상사와 대화 후 가슴이 답답한가, 시원한가? 상사를 만날 생각을 하면 설레는가, 걱정부터 되는가? 최근 소통을 하면서 기분이 좋았던 기억이 있는가? 왜 그랬던 것 같은가? 위로 올라갈수록 공감 능력이 필요하다.

미국의 사우스웨스트항공(Southwest Airlines)은 공감 리더십의 주인공이다. 9.11 이후 모든 항공사가 해고를 시켰지만 이곳은 한 명도 해고하지 않았다. 이 회사의 콜린 바렛(Colleen

미국 사우스웨스트항공 (Southwest Airlines)의 성장은 공감 리더십을 바탕으로 한 것이다. 9.11 이후 모든 항공사가 직원을 해고했지만 이 항공사는 한 명도 해고하지 않았다.

Barrett) 회장은 '서번트 리더십(Servant Leadership)'으로 유명하다. 모든 구성원의 이름을 알고, 일일이 손 편지를 쓰는 일을 주로 한다. 여기에 감동한 구성원들이 십시일반으로 돈을 거둬 신문광고를 통해 사장의 생일을 축하하는 일까지 한다.

당신은 공감 능력이 있는가? 다른 사람에게 공감을 하면서 살았는가? 공감하지 않으면 어떤 일이 일어나는가? 톨스토이(Leo Tolstoy)의 소설 〈이반 일리치의 죽음〉을 보면 공감을 못하고 산 사람 이야기가 있다. 내용은 이렇다. 지극히 평범하게 살았던 판사가 있었다. 그는 적당히 살았다. 적당히 사랑했고, 적당히 걱정했고, 적당히 공감했다. 그러던 어느 날 사형 선고를 받았는데 누구도 자신을 진심으로 동정하지 않는다는 사실을 깨달았다. 다들 자기 살기에 바빠 그저 형식적으로 슬퍼하고 있었다. 심지어 아내마저 그랬다. 돌이켜보니 자신이 바로 그런 삶을 살았다. 한번도 누군가를 위해 진심으로 운 적이 없었던 것이다. 그러던 어느 날 아들이 자기 옆에 와서 대성통곡을 하면서 울기 시작했다. 그런데 이게 큰 위로가 되었다. 자신의 죽음에 누군가가 공감하는 것 자체가 그에겐 희망이었다.

공감은 개인을 사회로 묶어 주는 접착제다

"공감은 갈수록 복잡해지고 개인화되는 사회를 하나로 묶어 주는 사회적 접착제다. 공감 없는 사회는 상상조차 할 수 없다." 미국 경제학자 제러미 리프킨(Jeremy Rifkin)의 말이다.

공감은 곧 경청이다. 잘 들어주는 것만으로도 우리는 많은 일을 할 수 있다. 여기서 퀴즈 하나를 낸다. "음치, 배우자와 사이가 좋지 않은 사람, 즉석 스피치를 못 하는 사람의 공통점이 뭔지 아는가?" 다른 사람 말을 듣지 않는다는 것이다. 음치들은 음을 듣지 않는다. 듣는 능력이 떨어진다. 자기가 내는 소리에 귀를 기울이지 못하기 때문에 합창을 하면 대번 티가 난다. 배우자와 사이가 좋지 않은 사람도 가장 큰 이유는 배우자 말을 듣지 않기 때문이다. 상대가 하는 말을 듣지 않고 늘 자기 말만 하려 한다. 즉석 스피치를 못 하는 것도 같은 이유다. 즉석 스피치를 위해서는 다른 사람 말을 열심히 듣고 분위기를 파악해 거기에 맞는 말을 해야 한다. 다른 사람 말을 듣지 않으면 도저히 할 수 없는 일이다.

그런데 공감은 쉽지 않다. 공감에는 에너지가 쓰인다. 그렇기 때문에 공감을 위해서는 내 컨디션이 좋아야 한다. 그래야 다른 사람에게 관심을 가질 수 있다. "내 코가 석 자"란 속담이 있듯이 일단 내가 먹고살 만해야 다른 사람에게 관심을 가질 수 있고, 내가 여유가 있어야 다른 사람도 돌아볼 수 있다는 말이다.

08 당신이 공감하지 못하는 까닭

공감은 쉽지 않다. 공감에는 에너지가 쓰인다. 그렇기 때문에 공감을 위해서는 내 컨디션이 좋아야 한다. 그래야 다른 사람에게 관심을 가질 수 있다. "내 코가 석 자"란 속담이 있듯이 일단 내가 먹고살 만해야 다른 사람에게 관심을 가질 수 있고, 내가 여유가 있어야 다른 사람도 돌아볼 수 있다는 말이다. 그렇다고 해서 공감의 중요성이 줄어들지는 않는다. 공감의 중요성은 아무리 강조해도 지나치지 않다. 사람은 이성보다는 감성에 의해 움직이는데 공감이 중심에 있다.

공감을 방해하는 요소는 대체 무엇일까?

그런데 왜 사람들은 공감하지 못할까? 왜 자신의 입장만을 내세우면서 상대의 처지나 상황에 대해서는 생각조차 하지 않는 것일까? 공감을 방해하는 요소는 대체 무엇일까?

첫째, 교만이다. <u>교만한 마음을 품고 있으면 공감하기 어렵다.</u> 나는 높은 사람이고 너는 낮은 사람이다. 그러니 넌 내 말을 들어야 한다. 이런 생각을 갖고 있는데 어떻게 공감을 하겠는가? 특히 높은 사람 중 이런 사람이 많다. 성경에 이런 말이 나온다. "교만은 패망의 선봉이요. 거만한 마음은 넘어짐의 앞잡이니라.(〈잠언〉 16:18)" 교만과 교만으로 인한 공감 부족은 조만간 당사자를 넘어뜨릴 것이다. 조심해야 한다.

둘째, 나와 상대를 구분하는 마음이다. 공감은 내가 그 사람 속으로 들어가는 일이다. 너와 내가 한마음이 되는 것이다. 네 일이 내 일이고, 너의 아픔이 곧 내 아픔이 되는 것이다. 핵심은 너와 나의 경계를 허무는 일이다. 결코 쉬운 일이 아니다. 아무나 할 수 있는 일이 아니다. 보통 사람은 공감 대신 동정을 한다. 그런데 공감과 동정은 다르다. 달라도 보통 다른 게 아니다. 동정은 나와 너를 완벽하게 구분한다. 동정은 "난 여기 있고, 넌 거기 있는" 것이다. 그런 일을 당한 당신은 안됐고 불쌍하지만 난 당신과 다르다는 것이다. <u>상대를 불쌍히 여기면서 상대적으로 자신의 우월감을 뽐낸다. 그렇다면 공감은 물 건너간 것이다.</u> 공감은 그 사람 속에 내가 빙의하는 것이다. 너와 나를 구분하는 대신 한 몸과 한마음이 되는 것이다.

셋째, 더 강력한 패 내밀기다. 소통 중 가장 흔한 건 고충에 관한 것이다. 누군가 고충을 털어놓을 때 당신은 어떤 반응을 보이는가? <u>공감 대신 더 강력한 패를 내미는 사람이 있다.</u> 상대가 고충을 말할 때 그 고충보다 더 강력한 이야기를 꺼내 상대 입을 틀어막는 것이다. 보초를 서느라 수면 부족을 호소하는 사람에게 예전의 자신은 며칠씩 잠을 못 자고 보초를 섰다면서 상대 말을 꺾는 것이다. 뭔가 힘든 일이 있어 호소를 하려고 왔는데 기다렸다는 듯이 자기 말만 실컷 하는 상사도 있다. 네가 힘든 건 아무것도 아니라는 것이다. 그 사람은 무슨 생각을 하겠는가? 혹 떼러 갔다 혹을 붙인 격이다. 다시는 그 사람과 말하려고 하지 않을 것이다.

지지 반응은 말 그대로 상대의 말에 지지를 표하는 것이다

스스로 낮추려는 자는 높아질 수 있고, 높아지려는 자는 낮아질 수밖에 없다. 공감도 그렇다. 내가 다른 사람에게 공감을 해야 상대도 내게 공감을 한다. 내가 공감하지 않으면 상대 역시 내게 공감하지 않는다.

소통은 주로 대화를 통해 이루어진다. 그런데 대화에는 두 가지 반응이 있다. 전환 반응과 지지 반응이다. 전환 반응은 상대가 한 말과 다른 이야기를 하는 걸 말한다. 말을 돌린다는 뜻이다. 힘들다고 말하는 사람에게 힘든 이야기 대신 화제를 엉뚱한 곳으로 돌리는 것이다. 대화의 초점을 상대로부터 자신에게 돌리며 대화를 주도하려는 욕구다. 지지 반응은 말 그대로 상대의 말에 지지를 표시하는 것이다. 내가 말하고 싶은 욕구를 참고 상대에게 초점을 맞추는 것이다. 공감의 또 다른 표현이다.

현재 말이 통하지 않아 답답한 그런 대상이 있는가? 그렇다면 이유는 뭐라고 생각하는가? 충분한 공감을 했다고 생각하는가? 만약 공감이 이루어지지 않았다면 어떻게 공감을 해야 한다고 생각하는가?

09 과분한 자리에서 우쭐거리고 있는가?

리더십과 주제 파악

"저는 최고 학부를 최고의 성적으로 졸업했습니다. 당시 우리 학교에서 최고의 인재는 자동적으로 한국은행을 갔는데 그 해는 일이 생겨 한국은행이 채용을 하지 않았습니다. 할 수 없이 조금 떨어지는 S은행을 가게 되었습니다. 하지만 늘 최고의 직장에 가지 못했다는 생각이 들어 최선을 다하지 않았습니다. 그러다 보니 회사에서 인정을 받지 못했고 자꾸 밀렸습니다. 그러다 어찌어찌하여 이곳 시골 학교 선생으로 오게 되었습니다. '내가 낸데'라는 교만이 저를 망친 것입니다. 여러분은 저 같은 전철을 밟지 마시길 빕니다. 어디를 가도 감사한 마음으로 최선을 다하시길 빕니다." 오래 전에 CJ그룹 첫 전문경영인이었던 이채욱 부회장으로부터 들은 이야기다. 그런데 이상하게 이 이야기는 자꾸 기억이 난다.

몇 년 전 서울대 경영대 졸업식에 모 대기업 명예회장이 축사를 했는데 참으로 감동적이었다. 이런 내용이었다. "여러분 졸업을 진심으로 축하합니다. 저는 서울대 경영대 60학번입니다. 제가 졸업할 때만 해도 한국은 정말 어려웠습니다. 돈도 기술도 없었습니다. 장충체육관을 지은 기술자도 필리핀 사람들입니다. 당시 우리 국민 소득은 100불이 되지 않았고 필리핀은 584불이나 됐습니다. 그래서 잘 사는 나라가 어려운 나라를 위해 장충체육관을 지어 주었습니다. 나라가 어려우니 졸업해도 갈 데가 없었습니다. 은행 같은 금융 기관이 전부였지요. 우리 동기들은 대부분 금융 기관에 취직했습니다. 하지만 저는 S직물이란 중소기업에 들어갔습니다. 그러자 사람들이 서울상대 나온 사람이 왜 저런 회사엘 가느냐며 의아해했습니다. 하지만 지금 어떻습니까? 지금 이 그룹은 포춘 500대 기업 중 72위입니다. 여러분은 0.5% 안에 드는 사람들입니다. 하지만 강호에 나가면 초절정고수가 차고 넘칩니다. 서울대 나왔다고 '폼 잡아서는' 성공하기 힘듭니다. 사실 별거 아닙니다. 청출어람의 고수가 되어야 합니다. Stay young, enjoy challenge 하십시오."

그 자리에 있기 아깝다는 말을 들어라

핵심은 자리에 연연하지 말고 그 자리에 있기 아깝다는 소리를 들으라는 말이다. 세상에는 두 종류의 사람이 있다. "저 사람은 저 자리에 있기는 아까운 사람이야"라는 소리를 듣는 사람과 "저런 사람이 어떻게 저런 자리까지 올라왔지, 뭔가 석연치 않은데"라는 소리를 듣는 사람이다. 이 두 종류 사람은 두 가지 행동을 한다. 우선, 아까운 사람이다. 아깝다는 소리를 듣지만 개의치 않고 지금 자리에서 최선을 다하는 것과 자신이 이런 곳에 있을 사람은 아니라는 생각에 늘 다른 곳을 바라보는 것이다. 다음은 부족한 사람이다. 자신이 부족하단 사실조차 인식하지 못하고 무소불위의 권력을 행사해 사람들의 미움을 받는 것과 자신이 부족하다는 사실을 인지해 겸손하게 계속 배우려고 하는 것이 그것이다. 여러분은 네 가지 중 어디에 해당하는가? 어떤 삶을 살고 있는가?

주변에 국회의원에 나가려는 사람들이 많다. 이런 사람을 볼 때 본능적으로 나는 저 사람이 국회의원 자리에 맞는 사람인가, 부족한 사람인가 하는 생각을 한다. 자격이 있는 사람일수록 그런 자리에 관심이 없고 그렇지 못한 사람일수록 지대한 관심을 보이는 경우가 많다. 참으로 불행한 일이다. 인생 최대의 비극은 몸에 맞지 않는 옷을 입고 생활하는 것이다. 자기에게 맞지 않는 자리에 오르는 일이다. 그러면 개인도 조직도 불행해진다. 자기 그릇에 맞는 일을 하든지 아니면 자기 그릇보다 약간 작은 일을 하는 것이 괜찮다. 그래서 주변 사람으로부터 "저 사람은 저 일 하기에는 조금 아깝다"는 평을 듣는 것이 최선일 수 있다. 그러면 자기 역량의 70%만 발휘해도 충분히 일을 할 수 있고, 이 자리에서 실력을 쌓아 더 큰 자리로의 진출도 꾀할 수 있다.

아내가 늘 내게 두 가지 충고를 한다. "당신은 주제 파악과 문맥 파악만 하면 괜찮은 사람이야." 당신은 어떤 사람인가? 혹시 그릇에 비해 과분한 자리에서 우쭐거리고 있지는 않는가?

10 인간적으로 좋은 사람이 소통도 잘한다

●

　회복탄력성으로 유명한 연세대 김주환 교수가 세리시이오 (SERICEO)에서 〈소통의 기술〉에 대해 강의한 영상이 있다. 일단 이 강연을 간략히 요약한다.
　"소통을 잘한다는 게 정확히 어떤 뜻인가? 여기에 대해 많은 논란이 있다. 사람마다 생각하는 게 다르다. 과연 소통을 잘한다는 게 무슨 뜻일까? 이를 위해서는 소통을 잘하는 사람을 한번 떠올려볼 필요가 있다. 주변에서 소통을 잘하는 사람이 누군가? 말을 잘하는 사람, 논리 정연한 사람, 할 말만 딱 하는 사람, 잘 듣는 사람, 질문을 잘하는 사람, 요점 정리를 잘하는 사람…. 반대로 소통이 안 되는 사람을 떠올리는 것도 방법이다. 소통이 안 되는 사람이란 어떤 사람일까? 절대 먼저 인사하지 않는 사람, 먼저 말 걸지 않는 사람, 인사해도 잘 받지 않는 사람, 늘 화난 얼굴을 하고 있어 말 걸기가 겁나는 사람, 사람에게 관심이 없는 사람, 높은 사람에게는 한없이 잘하고 힘없는 사람에게는 함부로 대하는 사람, 말을 함부로 하는 사람, 자기 말만 하고 남의 말은 듣지 않는 사람, 고집을 절대 꺾지 않는 사람…."

건강한 인간관계 능력이 곧 '소통 능력'이다

내가 생각하는 소통을 잘하는 사람은 좋은 사람이다. 친밀한 인간관계를 잘 맺는 사람이다. 내가 생각하는 소통 능력은 '건강한 인간관계를 맺는 능력'이다. 사람을 보는 시선이 건강해야 한다. 사랑과 존중이 있다. 호감과 신뢰가 가는 사람이다. 결국 소통 능력이란 말을 잘하는 것, 똑똑한 것, 많이 배운 것, 강의를 잘하는 것, 글을 잘 쓰는 것보다는 그 사람이 어떤 사람인가, 그 사람의 가치관이 어떤가와 더 깊은 관계가 있다. 이를 위해 뭐가 필요할까? 김주환 교수는 네 가지로 나누어 설명한다.

첫째, 욕심과 자신감 사이의 균형이다. 소통 불안을 느끼는 사람이 있다. 나 역시 그러하다. 큰 강의를 앞두고 불안해 자꾸 화장실을 왔다 갔다 한다. 왜 그럴까? 잘하고 싶은 욕심 때문이다. 사람들에게 잘 보이고 싶기 때문이다. 자신감이 없는 것도 이유 중 하나다. 그렇다면 어떻게 이를 극복할 것인가? 욕심을 줄이고, 자신감을 높이는 것이다.

둘째, 겸손과 과시 사이의 균형이다. 누구나 사랑과 존경을 받고 싶어 한다. 어떻게 해야 할까? 둘 다 필요하다. 겸손해야 호감을 얻을 수 있다. 약간의 과시도 필요하다. 그래야 존경을 받을 수 있다. 직업마다 조금씩 다르다. 교수의 경우는 매 학기 자기소개를 하는데 약간의 과시가 호감에 유리하다. 가까운 사람에게는 겸손, 고객에게는 과시가 필요하다.

셋째, 타인 지향과 자기 지향의 균형이다. 다르게 말하면 공감(共感)과 역지사지(易地思之)다. 소통에는 표정이 결정적 역할을 한다. 소통을 할 때 자기 표정에 집중해 보라. 훈련도 필요하다. 볼펜을 갖고 두 가지 훈련을 할 수 있다. 처음엔 옆으로 물고, 그 다음엔 그냥 직접 물어 보라. 하나는 웃는 표정이 되고 하나는 화난 표정이 된다. 표정을 바꾸면 정서적 변화가 일어난다. 또 표정은 전달된다.

넷째, 내용과 관계 사이의 균형이다. 소통에는 두 가지 기능이 있다. 하나는 내용 전달이고 또 다른 하나는 관계 형성이다. 두 가지가 일치해야 소통이 일어난다. 길에서 이성에게 말을 걸 때를 생각해 보자. 맘에 드는 이성이 나타났다. 가장 흔한 접근 방법은? "차 한 잔 하실래요?" 대부분 실패다. 왜? 내용과 관계의 불일치 때문이다. 내용은 차를 마시자는 것이지만, 관계는 아무 관계도 아니다. 방법은 정말 친한 사이에 하는 말을 건네는 것이다. "오늘 날씨 참 좋네요." 이런 말이 그것이다.

자기 이익만 노리는 사람은 소통을 잘할 수 없다

김교수는 소통 능력을 좋은 관계를 맺는 능력으로 정의한다. 좋은 관계를 맺기 위해서는 우선 좋은 사람이 되어야 한다는 것이다. 소통과 좋은 사람? 그렇다면 좋은 사람이란 무엇일까? 좋은 사람이 누구인지는 정의하기 어렵지만 좋은 사람의 반대인 나쁜 사람의 정의는 내릴 수 있을 거 같다. 내가 생각하는 나쁜 사람은 나쁜인 사람, 나밖에 없는 사람, 본인 외에는 아무 관심이 없는 사람, 일신상의 이익만 생각하는 사람이다. 다른 사람에게 관심이 있어야 말도 걸고 질문도 하면서 소통 채널이 만들어진다. 뚱한 얼굴로 남에게는 관심이 전혀 없는 사람이 소통을 잘할 수는 없는 법이다. 소통을 잘하고 싶다고? 가장 먼저 좋은 사람이 되어야 한다.

11 커뮤니케이션 없는 리더십은 불가능하다

●

리더십은 커뮤니케이션이다. 커뮤니케이션 없는 리더십 발휘는 불가능하다. 좋은 아이디어와 철학이 있어도 커뮤니케이션이란 통로가 막혀 있으면 별 소용이 없다. 커뮤니케이션이 이루어지는 분위기를 만드는 것이 리더가 해야 할 첫 번째 임무다.

사람들은 쉽게 말문을 열지 않는다. 효과적인 대화를 할 줄 모른다. 그러니 할 수 없이 사장인 내가 말할 수밖에 없다고 말하는 사람이 있다. 잘못이다. 직원들이 말을 하지 않고 말문을 닫고 있다면 분명 어디엔가 문제가 있는 것이다. 리더란 근본적인 문제점을 찾아내 해결할 수 있어야 한다. 말을 안 한다고 불평할 게 아니라 어떻게 분위기를 만들어 사람들로 하여금 자유롭게 입을 열 수 있게 할 것인지 정신을 집중해야 한다.

원활한 커뮤니케이션을 위해서는 분위기를 밝게 하고 사람들의 마음 문을 여는 것이 필요하다. 잔뜩 찌푸린 얼굴을 한 채 강압적으로 주문하면 모두 말문을 굳게 닫는다. 대부분의 우리나라 조직은 이 대목에서부터 실패한다. 근엄하고 엄숙한 얼굴로 원활한 커뮤니케이션을 강조하는 것은 말이 안 된다. 얼어붙은 분위기를 풀 수 있고 상대의 마음을 무장해제시킬 수 있어야 한다. 그러기 위해서는 유머로서 무장해야 하고, 가끔은 자신의 허점을 보여줄 수 있어야 한다. 또한 상대방의 이야기를 경청할 수 있어야 한다. 열심히 들어주면 말하는 사람은 존중받는다는 느낌을 받기 때문이다.

"북 치고 장구 치는" 원맨쇼를 원하지 않는다면

커뮤니케이션은 쌍방향이어야 한다. 국무회의를 보면 무엇이 연상되는가? 여기서 커뮤니케이션이 이루어진다고 생각하는가? 이것은 일방적인 지시와 다름없다. 상급자가 혼자서 "북 치고 장구 치는" 원맨쇼와 같다. 이런 일방적인 의사 전달 체계를 갖고는 좋은 아이디어가 나올 수 없고, 질 높은 의사 결정이 이루어질 수도 없다.

정보 과잉 시대에는 고객 접점에 있는 직원들이 고급 정보를 오히려 더 많이 갖고 있다. 이들의 지혜를 모으기 위해서 쌍방향 커뮤니케이션은 필수적이다. 이를 위해서는 지시보다는 질문을 해야 하고, 말하기보다는 듣기가 필요하다. 사전에 배포할 수 있는 정보는 온라인을 통해 전달하고, 오프라인 미팅에서는 이슈가 될 부분만을 뽑아 활발하게 토의하는 것이 중요하다. 일방적인 커뮤니케이션은 수명을 다 한 셈이다.

커뮤니케이션은 말을 많이 하는 것을 의미하지는 않는다. 이보다는 어떤 어젠다에 대해 이야기를 하고 있느냐가 더 중요하다. 리더는 어젠다를 찾아내고 여기에 구성원을 끌어들일 수 있어야 한다.

지금은 망한 모 회사에서 실제 있었던 일이다. 직원들의 사기가 떨어졌다는 보고를 받은 회사 사장은 어느 날 갑자기 사내 오피니언리더들을 불러 다음과 같은 질문을 던졌다. "회사가 어려운데, 우리 회사의 문제가 뭐라고 생각하느냐, 어떤 불만을 갖고 있느냐? 허심탄회하게 털어놔 보라…." 아무 생각없이 졸지에 불려온 오피니언리더들은 이때부터 치열하게 회사의 문제점에 대해 생각했고 불만을 찾기 시작했다. 찾으려고 하니 얼마든지 문제점을 찾을 수 있었고, 한 사람이 불만을 쏟아내자 다른 사람도 뒤질세라 불만을 털어놓기 시작했다. 이렇게 문제 많고 불만이 가득한 채 회사가 굴러가고 있고 아직 회사를 다니고 있다는 사실이 신기할 정도였다. 반나절 동안 회의를 했지만 불만만 증폭되었을 뿐 아무런 성과도 없었다.

이런 실패 사례는 어젠다 설정을 잘못했기 때문에 나타난 현상이다. 말이 많다고 커뮤니케이션이 활발한 것은 아니다. 잘못된 이슈에 대해 말을 많이 하는 것은 조직을 통제 불능의 상태로 만든다. 회사의 미래에 대해 같이 걱정하고 대책을 논의하는 것은 바람직하지만 반대로 왜 지금과 같은 상태로 되었느냐, 네가 잘못했느냐, 아니면 내가 잘못했느냐를 갖고 싸운다면 이것은 바람직한 커뮤니케이션이 아니다.

성공하는 조직에선 리더도 말하고 직원도 말한다

조직을 이끌어 가는 것은 비전이다. 5년, 10년 후의 중장기 계획과 비전에 대해 생각하고 여기에 구성원들을 어떻게 참여시킬지 고민해야 한다. 1980년대에 GM(General Motors)을 이끈 로저 스미스(Roger B. Smith)는 혁신적인 인물이었다. IT업체인 EDS(Electronic Data Systems)를 인수하고, 여러 가지 혁명적인 일들을 했다. 하지만 그의 재직 중 GM의 미국 내 시장점유율은 46%에서 35%로 떨어졌다. 퇴임 후 그는 이렇게 고백한다. "직원들의 동의를 구하지 않고 일부만의 생각으로 일을 추진했던 것이 실패의 원인입니다. 다시 한번 기회가 주어진다면 직원들을 참여시키고 그들의 지혜를 모으는 경영을 하겠습니다."

혼자만의 꿈은 단순한 꿈이지만, 동시에 여러 사람이 꾸는 꿈은 현실이다. 성공적인 조직은 늘 비전에 대해 말한다. 리더도 말하고 직원도 말한다. 방법도 이야기하고, 이룬 후의 모습에 대해서도 이야기한다. 이것이 커뮤니케이션이다. 리더십은 커뮤니케이션이다.

12   이 중요한 위기를
       낭비하지 말 것

●

　1997년 가을부터 1998년 봄까지는 내 인생에서 가장 힘든 시간이었다. 20년이 지난 지금까지 내 기억에 생생하다. 당시 난 대기업의 잘 나가는 임원이었다. 미국 박사에, 최연소 임원으로 거칠 것이 없었다. 그런데 뜻하지 않은 사건이 생긴 것이다. 같은 그룹 임원 서른 명이 몇 달간 연수를 받았는데 연수 과정 중에 골프 친 것이 문제가 된 것이다. 누군가 골프 친 것을 과장해 보고 했고 화가 난 회장님이 조사를 지시하면서 문제가 아닌 것이 큰 문제로 확대 보고 되면서 일괄적으로 사표를 내야만 했다. 나를 비롯한 대부분의 연수 참가자들은 영문도 모른 채 사표를 썼지만 계속 회사는 다녔다. 나도 그랬다. 그런데 시간이 지나도 별다른 조치가 없었다. 난 그 시간이 너무 힘들고 괴로웠다. 불투명한 상황이 견딜 수 없었고 무엇보다 인간에 대한 존중이 없는 그 회사를 더 이상 다니기 싫었다. 그래서 연말에 회사를 과감하게 그만뒀는데 때마침 외환 위기가 터져 새로운 직장을 찾을 수 없었다.

당연하게 생각했던 모든 통념에 저항해야 한다

아이가 둘이나 딸린 가장이 직장을 잃었으니 이는 보통 문제가 아니었다. 아내와 매일 산책을 하면서 대화를 나눴는데 결론은 명확했다. "이 기회에 새로운 일을 해 보자. 이번에 내가 좋아하고 잘하는 그런 일을 해 보자. 처음에는 힘들겠지만 나중에는 더 좋아질 수도 있을 것이다." 그래서 낯선 컨설팅 회사에 들어갔고 글을 쓰기 시작했고 기업을 대상으로 강의를 시작했다. 처음 몇 년은 참 힘들었다. 경제적으로도 힘들었지만 앞이 보이지 않는다는 것이 더 힘들었다. 지금 생각하면 그때 사표를 쓴 사건, 외환 위기로 취직이 안 된 사건은 나에게 엄청난 위기였지만 난 위기 덕분에 새로운 일을 할 수 있었다. 위기가 나를 살린 것이다.

우리에겐 늘 위기가 닥치기 마련인데 이럴 때 우리는 어떤 마음을 가져야 할까? 이 사건을 어떻게 받아들이고 활용해야 할까? 난 나름대로 이렇게 생각한다.

첫째, 그동안 당연하게 생각했던 모든 통념에 저항해야 한다. 일하는 방식을 바꿔 생산성을 대폭 올려야 한다. 예를 들면 이런 것들이다. 왜 매일 출근해야 할까? 출근하지 않으면 일을 못 하나? 회의를 그렇게 많이 해야만 하는 것일까? 회의를 안 하면 일을 못 하나? 지금처럼 팀장, 임원 등으로 승진을 꼭 해야 할까? 이런 식의 조직 구조가 지금 시대에도 필요할까? 꼭 얼굴을 봐야만 일을 할 수 있을까? 이런 질문들이다. 코로나로 인한 재택 근무는 회사에 나오지 않아도 일이 돌아갈 수 있다는 사실을 입증해 주었다. 얼굴을 보지 않고 화상 회의만으로도 좋은 의사 결정을 할 수 있다는 사실을 보여주었다.

둘째, 의사 결정 구조를 바꾸어야 한다. 스타트업에 다니다 대기업으로 이직한 사람을 만나 대화를 나눈 적이 있다. 그 사람은 대기업이 빠르게 성장하는 스타트업과의 경쟁에서 질 수밖에 없는 이유를 다음과 같이 말했다. "대기업은 20대가 쓸 서비스를 30대가 개발하고, 40대가 결재합니다. 그 과정에서 고객과의 거리가 더 멀어집니다. 그 회사는 철저히 고객과 가까이 있는 직원들이 알아서 결정을 합니다. 팀장이나 임원은 거의 관여하지 않습니다. 그들은 단지 필요한 걸 도와줄 뿐입니다." 지금의 구조는 중후장대한 산업 시대에 최적화된 조직 구조다. 미래 기업에는 맞지 않는 구조다.

셋째, 보고, 감시, 통제 대신 자율성으로 무장한 기업 문화를 만들어야 한다. 그동안의 기업은 보고와 지시의 두 축을 중심으로 일을 했는데 이건 효과적이지 않다. 둘 다 높은 사람이 더 많이 알고, 더 나은 의사 결정을 할 수 있다는 가정 하에 만들어진 것인데 과연 그럴까? 늘 그렇지는 않다. 지금같이 온라인 세상에선 젊을수록 경쟁력이 높을 수 있다. 나부터 늘 스마트폰 관련한 건 딸들에게 물어본다.

무언가를 알고 싶으면 보고를 받는 대신 과외 공부를 하라. 높은 사람이 알고 싶은 걸 질문으로 바꾸어 아랫사람을 스승으로 모시고 이들에게 물어보라. 보고를 받는 것과 선생을 모시고 공부하는 건 완전 다르다. 훨씬 효과적으로 정보를 알 수 있고, 올바른 의사 결정을 할 가능성이 높다.

외환 위기, 코로나 사태에 기회가 숨어 있다

　외환 위기로 망한 개인도 많지만, 그 이상으로 돈을 번 개인도 많다. 그런데 사람들은 망한 사람들만 기억한다. 왜 그럴까? 외환 위기로 돈을 번 사람들은 별다른 말을 하지 않고 망한 사람들만 떠들기 때문이다. 코로나도 그렇다. 코로나로 인해 엄청난 기회를 살린 기업도 무지 많다. 당신은 어느 편에 서고 싶은가? 세상에 좋은 일과 나쁜 일은 없다. 구분하기 어렵다. 좋은 일 안에 나쁜 일이 숨어 있고, 나쁜 일처럼 보이는 일 안에 기회가 있을 수 있다. 중요한 건 그 일을 어떻게 받아들이고 해석하고 이를 계기로 어떤 일을 할 것인가다. 코로나가 대표적이다.

　어차피 우리는 예전처럼 살 수 없다. 만날 수도 없고 돌아다닐 수도 없다. 그렇다면 방법을 바꿔야 한다. 만나지 않고 일할 수 있어야 하고, 오프라인 못지않게 온라인을 잘 활용해야 한다. 최적의 솔루션을 찾아 경쟁력을 갖춰야 한다. 지금의 위기를 잘 살려야 한다. 이 중요한 위기를 낭비하면 안 된다.

13 팀워크,
소통의 목적 중 하나

●

　소통은 축구의 패스와 같다. 그런데 패스를 잘한다고 경기에 이기는 건 아니다. 골을 넣어야 한다. 내가 생각하는 소통의 목적 중 하나는 팀워크다. 소통을 통해 한 팀이란 의식을 불어 넣고 개인과 조직을 하나의 팀으로 만드는 것이 내가 생각하는 소통의 목적이다.

　세상에 혼자 할 수 있는 일은 별로 없다. 위대한 성취 뒤에는 늘 위대한 팀워크가 존재한다. F1(Formula One ; 세계 자동차 경주 대회) 팀이 그렇다. F1은 드라이버 혼자 치르는 개인 경기가 아니다. 완벽한 팀워크가 없으면 할 수 없는 것이다. F1은 극한의 스포츠다. 드라이버는 코너에서 5G(Gravity ; 지구 중력의 단위)의 힘을 견뎌내야 한다. 일반인의 경우 3.5G가 넘으면 기절하거나 목숨을 잃기도 한다. 운전석의 온도는 50도에 육박한다. 보통 1시간 30분 정도의 레이스가 끝나면 드라이버의 체중이 평균 3kg 빠지는 것으로 알려져 있다. 드라이버뿐만이 아니다. 엔지니어들은 단 3초 동안 타이어 4개를 교체한다. 1.92초에 갈았다는 기록도 있다. 그러나 드라이버와 엔지니어는 우리의 눈에 띄는 극히 일부일 뿐이다. 팀에 따라 차이가 있지만 대회 현장 인원만 평균 80명이 넘는다. 보통 엔지니어 8명, 미캐닉(Mechanic) 50명, 요리사 10명, 마케팅과 홍보 12명, 드라이버 3명(주전 2명, 테스트 드라이버 1명) 등이다. 또 대회 현장 인원이 다가 아니다. 현장에 나가지 않는 인원은 훨씬 더 많다. 전체 팀원이 300명 정도면 적은 편이다. 가장 많은 팀은 팀원이 1천500명에 이르는 팀도 있다.

아무리 뛰어난 감독도 팀보다 중요하지 않다

팀워크는 혼자 할 수 없는 일을 하게 한다. 재능을 포함해 모든 것을 결합하게 한다. 팀워크는 꿈을 이루게 한다. 공동의 목표를 위해 다른 사람과 함께 일하는 것은 가장 보람 있는 경험이다. 아무리 뛰어난 선수도 팀보다 중요하지 않다. 아무리 뛰어난 감독도 팀보다 중요하지 않다. 팀, 팀, 팀만이 전부다. 무언가의 일부가 되는 것, 이것이 팀이다. 위대한 팀은 위대한 팀워크를 가진 팀이다. 미국 미식축구 슈퍼볼(Super Bowl)에서 4시즌(2001년부터 2005년 사이) 동안 3차례나 우승을 차지한 뉴잉글랜드 패트리어츠(New England Patriots) 팀의 라커룸에는 이런 말이 붙어 있다. "개인이 경기를 하고, 팀은 챔피언십을 딴다."

팀워크를 위해서는 확실한 공동 목표가 있어야 하고 여기에 모든 사람이 동의해야 한다. 보스턴셀틱스(Boston Celtics) 팀은 미국 프로 농구 NBA(National Basketball Association) 최다인

뉴잉글랜드 패트리어츠 (New England Patriots)는 미국 미식축구의 강팀이다. 이 팀의 라커룸에는 이런 말이 붙어 있다. "개인이 경기를 하고, 팀은 챔피언십을 딴다."

18회 우승 기록을 가지고 있다. 1958년부터 1966년 사이에는 8시즌 연속 우승을 차지하게도 했다. 당시 이들이 강했던 건 팀워크 덕분이었다. 이 팀에는 리그를 지배하는 특정 선수가 없었다. 코치였던 레드 아우어바흐(Red Auerbach)는 언제나 팀워크를 강조했다. "영광을 추구하는 사람은 많은 것을 성취할 수 없다. 우리가 해낸 모든 것은 공동 목표를 향해 함께 일한 결과다." 확실한 목표를 향해 모든 것이 움직였다는 말이다.

팀워크 개발을 위해서는 팀에 적합한 사람을 뽑아 훈련시켜야 한다. 적합한 사람을 선택하고 이들이 날개를 펼 수 있게 기회를 주어야 한다. 강점을 살리고 약점을 보완하게 해 주어야 한다. 이렇게 하면 이들을 관리할 필요가 없다. 이 사람이 성장하고 잠재력을 달성할 수 있도록 여건을 만들면 된다. 사람의 능력을 찾기 위해 최선을 다하고, 이들이 그 능력을 인식하고 개발하도록 최선을 다해야 한다. 이것이 리더의 역할이다.

미식축구의 전설 보 스캠베클러(Bo Schembechler)는 이 방면으로는 대표적 인물이다. 그는 채용에 많은 시간을 할애했다. 그는 일을 하고 싶어 안달이 난 사람을 우선적으로 채용했다. 운동은 잘해도 일에 대한 의욕이 약하거나 자신에 대한 믿음이 부족한 사람은 절대 채용하지 않았다. 거만한 사람을 제일 싫어했다. 뽑아 봤자 메뚜기처럼 다른 곳으로 갈 가능성이 높고 팀워크만 해친다고 생각했기 때문이다. 그가 선호하는 사람은 다소 실력이 떨어져도 품성이 좋고 충성심이 높고 다른 곳에 갈 가능성이 낮은 사람이었다. 팀에서 마음이 떠난 사람을 방치하는 것은 사과 상자 안에 썩은 사과를 그대로 두는 것과 같다고 생각했다. 그냥 두면 다른 멀쩡한 사과까지 금방 썩게 된다는 것이다. 핵심은 팀워크였다.

팀원들이 친해질 수 있도록 분위기를 만들어야

팀워크를 위해서는 개인이 아닌 팀으로 평가를 해야 한다. 개인을 경쟁시켜 이에 따라 개인별 평가를 하면 팀워크는 바로 무너진다. 다른 직원을 경쟁자로 인식하는 데 어떻게 팀워크를 만들 수 있겠는가? 미국 오하이오 주(Ohio)의 철강업체 워딩턴 산업(Worthington Industries)은 90일간의 수습 기간을 거친 후 직원 투표에 의해 취업 여부를 결정한다. 급여 중 상당 부분이 팀 실적에 의해 결정되기 때문이다. 직원을 잘못 뽑으면 그 피해가 고스란히 자신들에게 돌아오는 것이다. 미국의 신사복 회사 멘즈 웨어하우스(Men's Wearhouse)는 교육을 통해 동료를 도와주면 그도 당신을 도와줄 거란 사실을 주지시킨다. 팀워크는 말로 하는 게 아니다. 협력하지 않으면 안 되도록, 협력하는 것 자체가 큰 기쁨이 되도록 제도적으로 만드는 것을 말한다.

팀워크를 위해서는 화이부동(和而不同)의 정신이 필요하다. 화이부동은 "군자는 조화를 이루지만 부화뇌동하지는 않는다"는 말이다. 다른 사람들의 차이와 다양성을 존중하여 잘 어울려 화합하되, 자신이 가지고 있는 좋은 기질과 가치관은 간직하여 자기다움을 잃지 말아야 한다는 뜻이다. 화이부동은 합창과 같다. 서로 다른 소리를 내지만 다른 소리가 어울리면서 아름다운 소리를 만들어 내는 것이다. 화이부동의 반대는 동이불화(同而不和)다. "소인은 부화뇌동하지만 조화를 이루지는 못 한다"는 말이다.

팀워크를 위해서는 서로에 대해 친함이 있어야 한다. 공자님도 "친하면 길하다"는 뜻으로 "비길야(比吉也)"라고 말한 일이 있다. 리더는 이런 역할을 해야 한다. 팀원들끼리 친할 수 있도록 자리를 만들고, 분위기를 만들고, 섞일 수 있는 여건을 만드는 사람이다.

〈타이타닉을 기억하라(Remember the Titanic)〉란 영화는 이런 내용을 다루었다. 만년 꼴찌 풋볼 팀에 새로운 감독이 온다. 이 팀은 백인과 흑인으로 나누어져 있다. 갈등 때문에 제대로 된 팀워크를 발휘하지 못한다. 서로 눈도 마주치지 않고 으르렁댄다. 동료가 좋은 위치에 있어도 패스를 하지 않을 정도다. 그러니 어떻게 성과를 내겠는가? 신임 감독은 이들을 강제로 친하게 만든다. 일정 시간을 주고 서로의 취미, 좋아하는 것, 싫어하는 것, 가족 등에 대해 알아 오게 한다. 알아 온 다음에는 서로가 서로를 소개하게 한다. 실행하지 않으면 벌칙을 준다. 이런 과정을 통해 흑백 갈등이 점차 사라지게 된다. 알면서 사랑하게 되는 것이다. 팀원들이 갈등이 있고 팀워크가 약하다고 한탄하는 리더는 자격이 없는 사람이다. 팀워크를 만드는 것이야말로 리더의 가장 중요한 역할이기 때문이다.

뛰어난 선수가 있는 팀이 꼭 챔피언 팀은 아니다

팀워크를 위해서는 자신을 버려야 한다. 자신을 낮춰야 한다. 자신의 목표보다 조직의 목표를 위에 두어야 한다. 그래야 팀이 원하는 것도 얻을 수 있고, 자신이 원하는 것도 얻을 수 있다.

미국 프로 농구의 전설 마이클 조던(Michael J. Jordan)은 역대 농구 선수 중 가장 재능이 뛰어난 선수였다. 그가 속한 팀은 무려 여섯 차례나 챔피언에 올랐다. 그는 이렇게 말한다. "훌륭한 선수를 가지고 있지만 한 번도 우승하지 못한 팀이 수두룩하다. 대부분 훌륭한 선수들이 팀 이익을 위해 자신을 희생하려 하지 않기 때문이다. 팀을 위해 자신을 희생하고 싶어 하지 않기 때문에 개인 목표 역시 성취하지 못한다. 팀을 생각하고 개인을 희생하면 개인의 명예까지 얻게 된다는 사실이 재미있다. 재능이 팀워크와 합해질 때 챔피언에 오를 수 있다." 죽고자 하면 살 것이요, 살고자 하면 죽을 것이란 말과 일맥상통한다. 팀을 위해 희생하고자 하는 팀은 개인도 살고 팀도 살지만 개인을 앞세우는 팀은 개인도 죽고 팀도 죽는 것이다.

14 생각의 온도 차이를 줄이는 일

내가 생각하는 소통의 정의

모 기업은 오랫동안 강남에 사옥을 갖고 있었다. 그런데 너무 낡고 흉해 강남의 흉물이란 조롱까지 들었다. 그래서 강북에 새로 멋진 사옥을 짓고 이사를 갔고 직원들도 따라서 강북으로 이사를 했다. 그런데 2년 만에 회사의 일부 부서를 다시 예전 사옥으로 옮기기로 했다. 비용 절감 차원에서 결정한 일인데 직원들 불만이 꽤 많았다. 직원들 의견 따위는 전혀 묻지 않은 채 일방적으로 결정한 것 같았다. 이 일에 관해 쓴 직원의 글을 보고 이 사실을 알았다. 글의 일부를 보자.

3월부터 일부 사업본부가 사옥을 이전한다. 현 사옥으로 이전하기 전 약 30년간 쓰던 건물인데, 오래되어 영 상태가 좋지 않다. 신(新)사옥으로 이전한 지 2년 만에 다시 구닥다리 건물로 돌아가야 하는 사업본부 사람들은 분통을 터뜨린다. 집도 이사하고 유치원과 학교도 다 옮겼는데 다시 거주지를 알아봐야 하는 불편함도 크다. 일부 인원을 구(舊)사옥으로 이전하기로 한 이유는 딱 하나다. 비용 절감 때문이다. 회사가 어려우니 고정비 지출을 줄이는 차원에서 직원들에게 희생을 감수하라는 것이다.

문제는 결정과 집행 과정에서 직원들과 소통하지 않았다는 점이다. 최소한 "왜 우리만 가야 하는지 모르겠어요"라는 말은 나오지 않아야 한다. 직원들에게 사옥은 상당히 중요한 문제다. 환경적 이슈도 있지만, 삶의 터전이 결정되기 때문이다. 또 다른 하나는 상대적 박탈감이다. 회사가 어려운 건 알겠지만 자기만 희생한다는 생각은 실망과 불신을 낳는다. 회사가 그렇게 어렵다면 CEO를 비롯한 경영진, 임원진부터 먼저 구사옥으로 옮기고 직원을 위해 솔선수범하는 모습을 보여야 한다. 또한 회사가 얼마나 어렵기에 사옥을 이전해야 하는지, 그렇게 함으로써 얼마만큼의 비용이 절감되는지, 그 희생의 대가가 무엇인지를 정확히 알리고, 진심으로 희생한 직원들에게 고마움을 표시해야 한다. 이러한 노력 없이 일방적으로 결정하고 전달했을 때 직원들이 알아서 이해하고 공감해 주기를 바라는 것은 말도 안 되는 착각이다.

이게 사람들 생각이다. 젊은 직원일수록 경영진에 대한 불만은 크다. 여러분이 경영진이라면 어떻게 하겠는가? 난 우선 회사 상황을 솔직하게 말하겠다. 지금 회사가 이렇게 어렵다. 비용 절감을 해야 하는데 일부 부서가 예전 건물로 옮기면 이 정도 효과가 있다. 일단 경영진부터 옮기겠다. 또 이런 기준으로 이런 부서

가 옮기기로 했는데 정말 미안하다. 필요하면 미팅을 갖고 직원들의 의견을 직접 들어보는 자리도 마련할 것이다.

소통은 '서로 생각의 주파수를 맞추는 일'

세월이 흘러도 변하지 않는 게 하나 있다. 우리는 인간이란 사실이다. 인간은 누구나 인정받고 존중 받고 싶어 한다. 이런 사실은 변하지 않는다. 아니 요즘 세대는 그런 것에 대한 욕구가 더 크다. 또 다른 하나는 소통에 대한 욕구다. 내가 생각하는 소통은 '생각의 주파수를 맞추는 것'이다. 어느 한 쪽이 일방적으로 주파수를 맞추는 게 아니라 서로 맞추는 것이다. 윗사람도 아랫사람 생각에 주파수를 맞추고, 아랫사람 역시 윗사람 생각에 주파수를 맞추려고 노력해야 한다. 그래야 잡음이 사라지고 서로의 생각이 명료해지면서 소통이 가능해진다.

또 다른 하나는 '궁금함'이다. 상대의 생각이 궁금해야 한다. 그래야 질문하고 상대가 하는 말에 귀를 기울이게 된다. 이게 쌍방향 대화다. 귀를 기울이려면 몸을 굽히고 가까이해야 한다. 경영진은 직원들 눈높이에서, 직원들은 경영진 눈높이에서 서로의 생각을 궁금해 할 때 비로소 소통은 가능하다. 직급이나 권위의 장벽을 허물고, 서로가 같은 온도를 느낄 수 있어야 한다. 생각의 온도 차를 좁히기 위한 노력, 내가 생각하는 소통이다.

| 소 통 강 의 2

입말인가, 몸짓말 인가?

당신은 충분히 말했는데
왜 직원들은 듣지 못했다고 하는가?
서로 언어가 다른 것은 아닌가?
어떤 언어로 소통할 것인가?
입말인가, 몸짓말인가?

15 말이 아니라 마음을 전달하는 것

관계와 커뮤니케이션

●

　관계에 따라 말이 달라진다. 식당에서 종업원에게 반말을 하는 사람들은 "내 덕분에 네가 먹고 산다"는 생각을 하기 때문에 말이 그렇게 나간다. 고급 공무원, 대기업 간부, 언론사 간부 등 소위 힘 있는 갑(甲)의 생활을 오래 한 사람들은 눈빛, 걷는 모습, 말투가 다르다. 늘 자신에게 굽실대는 을(乙)에 익숙하기 때문이다. 그래서 권위적으로 말한다. 늘 따지듯이 말함으로써 상대를 주눅들게 한다.

　늘 가르치는 입장에 있는 교수들도 비슷하다. 이들에게 모든 국민은 가르쳐야 할 대상이다. 그렇기 때문에 오랫동안 교수 생활을 한 사람은 자신을 대단한 사람으로 착각한다. 학생들은 교수를 떠받든다. 조교들은 말할 것도 없다. 언론에서도 늘 자신에게 고견(?)을 물어오기 때문에 '폼 잡고' 이야기하는데 익숙하다. 그래서 누군가 자신에게 싫은 소리라도 하면 이를 못 견뎌 한다. "감히 나를 가르칠 사람이 누가 있겠는가?" 하고 생각하기 때문이다.

말로만 마음을 전달할 수 있는 것은 아니다

커뮤니케이션은 마음을 주고받는 것이다. 생각과 느낌의 교류가 커뮤니케이션이다. 그러므로 꼭 말로 해야만 커뮤니케이션이 이루어지는 건 아니다. 사장과 직원과의 관계는 특히 그렇다. "내가 지들 월급 주는 사람인데…. 지들이 어디 가서 취직이나 하겠어?" 이런 생각을 가진 사장은 실제로 여러 가지 태도에서 이런 생각이 묻어난다. "직원은 소모품이다. 저 정도 사람은 언제라도 구할 수 있다." 이런 생각을 하는 사장은 실제로 이렇게 행동하고 직원들도 그 사실을 직감적으로 안다. 당연히 기대에 걸맞게 행동한다. 아무 기대 없이 기계적으로 행동한다. 반면 "직원들 덕분에 내가 이만큼 산다"고 생각하고 "직원들이야말로 내 가장 귀한 자산이다"라고 생각하는 사장은 말과 태도에 이런 것이 덕지덕지 묻어난다.

대치동에서 가장 잘 나가는 모 학원의 S원장은 후자에 속하는 사람이다. 그의 모토 중 하나는 삼고초려(三苦草慮)다. 좋은 선생님을 모셔오고 이들이 최선을 다 할 수 있게 하는 것이 자기 의무라고 생각하고 실제 선생님들에게 고마워한다. 이런 마음은 자연스럽게 여러 경로를 통해 사람들에게 전해진다. 자신이 존중받는다는 느낌을 받으면 사람들은 목숨을 바쳐 일을 한다. 그리고 마음 문을 연다.

리더십은 곧 커뮤니케이션이다. 커뮤니케이션에서 말이 차지하는 비중은 10%도 되지 않는다. 말이 번지르르하지만 말뿐이고 행동으로 옮기지 않으면 조직은 냉소적으로 바뀐다. 말보다는 태도, 손짓, 표정 등을 통해 사람들은 상대 마음을 읽는다. 이런 의미에서 커뮤니케이션은 말의 전달이 아닌, 마음의 전달인데 이것은 숨길 수 없다.

많은 조직에서 커뮤니케이션 문제를 운운하는데 사실은 마음을 잘못 먹고 있기 때문에 발생한다. 소통 문제를 해결하고 싶으면 스스로에게 이렇게 물어보면 된다. "나는 직원들을 어떻게 생각하고 있는가? 나와 같이 일할 파트너 혹은 내 인생의 귀인으로 생각하는가? 아니면 일회용 반창고로 생각하는가? 진실로 직원들을 존중하고 직원들의 발전을 위해 고민하고 애를 쓰는가? 아니면 지금이라도 그만두었으면 하는가?" 그리고 마음을 고쳐 먹어야 한다. 이렇게 하면 자연스럽게 이런 마음이 여러 경로를 통해 사람들에게 전달된다.

이는 직원들도 마찬가지다. "주는 만큼만 일하겠다. 일하기는 싫지만 목구멍이 포도청이라 일한다…." 이렇게 생각하면 그 마음은 상대에게 전달된다. 소통에서 가장 중요한 것은 바로 우리가 회사에 대해, 상사와 부하에 대해, 고객에 대해 어떻게 생각하느냐를 정리하는 것이다. 외국어를 한 마디 못해도 친절함은 전달된다. 우리말로 욕을 하면 외국인들은 본능적으로 알아차릴 수 있다.

마음, 가수 신승훈이 인기를 유지하는 비결

오랫동안 인기를 유지하는 가수 신승훈의 비결도 사실은 마음을 곱게 먹었기 때문이다. 그리고 이 마음이 팬들에게 전달된 것이다. 신승훈의 글을 읽어 보면 이를 알 수 있다. "올림픽 공원에서 공연할 때의 일이다. 비가 왔다. 무대에 서자 끝까지 꽉 찬 팬들이 하얀 우비를 입은 채 빗속에 앉아 있는 모습이 보였다. 무대 위에 있는 나야 비를 피할 수 있었지만 그들은 빗속에서 공연을 보아야만 했다. 나는 너무 감격하고 또 미안해서 지붕 밖으로 나왔다. 팬들처럼 나 또한 비를 맞으며 노래해야 한다고 생각했기 때문이다. 그런데 팬들이 안 된다고…, 비 맞지 말라고 난리가 났다. 그래도 나는 그럴 수 없다고 버텼다. 그랬더니 팬들이 우비의 모자를 벗는 거다. 그러자 하얗게 보이던 관객들이 앞에서부터 차례차례 맨 끝까지 까맣게 변하는데, 그 모습을 보는 내 마음이 얼마나 숙연했는지…. 그때의 감동은 정말 잊을 수가 없다. 난 사랑한다는 말을 아끼는 편이다. 그런데 그날 처음 팬들에게 사랑한다고 고백했다."

커뮤니케이션을 잘하기 위해서는 먼저 스스로를 정의하고, 다음에 관계를 정의해야 한다. 나는 누구인가? 내 가치관은 어떤 것인가? 상대와 나의 관계가 어떠한가? 내가 누구 덕분에 이렇게 잘 살 수 있는가? 이런 관계를 정의하면 자연스럽게 말과 행동과 태도가 거기에 맞게 튀어나온다. 커뮤니케이션은 말이 아닌 마음의 전달이다.

16 입보다 얼굴이 훨씬 더 말이 많다

얼굴과 커뮤니케이션

●

　외모지상주의 물결이 거세다. 외모를 위해서라면 영혼이라도 팔 듯하다. 성형이 대표적이다. 정말 미친 듯이 성형을 하는 거 같다. 정말 미치지 않고서야 "어떻게 저렇게까지 자기 얼굴에 손을 댈 수 있을까?" 하는 생각이 든다. 그러나 또 다른 한편으로는 "얼마나 예쁜 얼굴을 갖고 싶었으면 저럴까?" 하고 이해하게 된다. 얼굴이란 무엇일까? 어떤 얼굴이 아름다운 얼굴일까? 얼굴은 '얼꼴'이다. 얼이 담긴 그릇이란 뜻이다. 좋은 생각을 하면 좋은 얼굴을 가질 수 있고 험한 생각을 하면 험하게 바뀌는 것이 얼굴이다.

　얼굴은 거짓말을 하지 않는다. 얼굴은 많은 정보를 나타낸다. 그 사람의 생각과 행동을 겉으로 드러낸다. 장동건이나 김희선처럼 잘 생겼느냐, 그렇지 않느냐는 부모가 준 유전인자에 의해 좌우된다. 하지만 좋은 인상은 개인이 만들어 가는 것이다. 좋은 인상을 갖기 위해서는 그만큼 개인의 노력이 필요하다.

소통에서 말이 차지하는 비중은 7%에 불과하다

소통과 관련해 가장 큰 오해는 말과 문자로 완벽한 소통을 할 수 있다는 생각이다. 내가 이렇게 말을 했으니까, 내가 이렇게 문자를 보냈으니까 상대는 알아들었고 내가 원하는 대로 상대도 생각하리라는 것이다. 과연 그럴까? 착각이다. 절대 그렇지 않다. 소통에서 말이 차지하는 비중은 10% 미만이다. 그보다는 표정이나 태도와 눈빛 등이 더 중요하다. '메라비언의 법칙(The Law of Mehrabian)'에 따르면, 상대에 대한 호감을 결정하는 데는 말하는 내용이 7%, 목소리가 38%, 보디랭귀지와 같은 시각적인 부분이 55% 작용한다고 한다. 텍스트보다 텍스트를 둘러싼 콘텍스트가 훨씬 중요하다는 말이다.

하지만 현대인은 말이나 텍스트에 너무 의존한다. 자신이 말하는 것으로 자신의 뜻이 전달되었고 상대가 설득되었다고 착각한다. 소통은 진심을 주고받는 것이다. 서로 상대의 의도를 파악하는 것이다. 상대가 아무리 나를 사랑한다고 말해도 얼굴에 그렇게 쓰여 있지 않으면 소용이 없고 반대로 상대가 내게 욕을 하고 잔소리를 퍼부어도 그 사람 표정과 행동에 사랑이 넘치는 경우도 있다.

직급이 오를수록 지능보다 감성지수가 높아야 한다는 말을 하는데 난 이 말에 동의한다. 내가 생각하는 감성지수의 정의는 '분위기를 파악하는 능력, 상대의 감정과 자신의 감정을 읽을 수 있는 능력'이고 이를 키우는 최선의 방법 중 하나는 말이 전혀 통하지 않는 해외에서 일주일간 살아 보는 것이다. 말이 통하지 않으니 손짓, 발짓, 표정을 통해 자기 의사를 전달하려 애를 쓸 것이고 본인도 상대 표정을 살피기 위해 노력하면서 감성지수가 올라간다는 것이다.

원활한 소통을 위해 한 달에 한 번 침묵의 날을 정할 것을 제안한다. 이날은 아무 말도 하지 말고, 파워포인트도 쓰지 말고, 대신 표정과 몸짓만으로 소통을 하는 것이다. 마치 양악 수술을 받아 말을 못 하는 것처럼 상상해 행동을 하는 것이다. 이와 같이 하면 어떤 일이 벌어질까? 생각만 해도 재미있다.

17 재정의(Redefinition), 당신이 새로 내린 정의

소통만큼 다양한 곳에서 다양한 형태로 회자되는 말은 없을 것이다. 누구나 입만 열면 소통에 대해 말한다. 무슨 문제만 생기면 소통이 문제라는 식이다. 난 이럴 때 당신이 생각하는 소통이 도대체 무언지 묻고 싶은 충동을 느낀다. 소통에서 가장 중요한 건 당신이 하려고 하는 말의 정확한 뜻을 '다시(再) 정의하고' 이 정의를 통일하는 것이다.

여기서 '다시 정의'한다는 것은 사전에 나오는 일반적인 정의가 아니라 '당신의 정의'를 새로 만들어 쓴다는 것이다. 곧 '재정의(Redefinition)'를 말한다. 이 재정의는 예를 들어 이런 것이다. 좋은 회사에 들어가고 싶으면 좋은 회사가 어떤 회사인지 나름의 재정의를 내릴 수 있어야 한다. 초일류 인재를 뽑고 싶으면 내가 생각하는 초일류 인재에 대해 정확한 정의를 내릴 수 있어야 한다. 일을 잘한다고? 그렇다면 일을 잘한다는 것의 정확한 재정의가 무엇인가? 좋은 군인이 되고 싶다고? 그렇다면 좋은 군인의 재정의를 할 수 있어야 한다. 무슨 일을 할 때 가장 먼저 해야 할 일은 그 일에 대한 '당신의 정의'를 다시 내리는 일이다. 재정의하는 일이다.

사회가 극도로 혼란하다. 도대체 앞이 보이지 않는다. 왜 그럴까? 어떻게 하면 이 문제를 해결할 수 있을까? 내가 만약 대통령이고 총리라면 이 문제를 어떻게 해결할 수 있을까? 요즘 이런 생각을 많이 한다. 기업도 그렇다. 주업이 기업 강연이다 보니 수많은 기업을 다니고 경영자들의 고민, 직원들의 고민을 접하게 된다. 참 다양하고 복잡하고 해결하기 쉽지 않다. 도대체 뭐가 문제일까? 어떻게 하면 이 문제를 해결할 수 있을까? 세상에 정답은 없다지만 내가 생각하는 문제 해결 프로세스는 있다. 바로 문제가 무언지를 정확하게 파헤치는 것이다. 원인이 무엇인지 알면 문제의 반은 해결된 것과 같기 때문이다. 또 다른 하나는 조직에서 자주 쓰는 단어에 대한 정의를 다시 내리는 일이다. 그 말이 정확하게 어떤 뜻인지를 분명하게 밝히고 이를 직원들과 공유하는 것이다.

자주 쓰는 단어의 뜻을 재정의하라

조직에서 자주 쓰는 말들이 있다. 목표, 부하 육성, 변화, 성과, 독하게 일한다, 성실, 투명성, 몰입 등…. 그런데 이런 단어에 대한 정의가 명확하지 않다. 두리뭉실하다. 백인백색이다. 대강의 뜻은 알지만 이 단어에 대한 사람들의 생각이 일치하지는 않는다. 그러니 힘이 모아지지 않는다. 서로에 대해 불만을 갖게 된다.

요즘 포용이란 말을 자주 쓴다. 난 이 말을 쓰는 사람에게 포용이란 말의 정확한 재정의를 묻고 싶다. 도대체 그가 생각하는 포용이란 무엇일까? 그가 재정의에 대한 생각을 해 본 적은 있을까? 아마 없을 것이다. 남들이 쓰니까 한번 써 본 것일 가능성이 높다. 내가 생각하는 포용의 재정의는 "다름을 인정하는 것"이다. 같은 편 사람을 포용하는 건 포용이 아니다. 서로의 생각과 철학은 다르지만 이를 인정하고 받아들이는 것이다. 이렇게 명확하게 재정의를 내린 후 일을 하면 오류가 줄어든다. 애매모호함으로 인한 혼란을 줄일 수 있다. 몰입이란 단어도 그렇다. 모 회사는 몰입을 중시한다. 그런데 경영진과 직원들이 생각하는 몰입의 뜻이 다르다. 경영진이 생각하는 몰입은 1년 365일, 하루 24시간 조직만 생각하는 것이다. 늦게까지 근무하고, 주말에도 일하는 것이 경영진이 생각하는 몰입이다. 당연히 주말에 회의를 하고 중요한 의사 결정을 주말에 한다. 직원들 생각은 다르다. 이들이 생각하는 몰입은 주어진 시간 안에서의 몰입이다. 조직은 조직이고, 일은 일이다. 조직을 위해 주말을 희생할 수는 없다고 생각한다. 젊은 직원들일수록 이런 생각은 강하다. 같은 단어에 대한 생각이 달라도 너무 다르다. 그러니 힘이 모아지지 않는다. 자꾸 흩어진다.

몇 가지를 더 살펴보자. 흔히 지금 시대를 VUCA의 시대라고 한다. VUCA는 변동성(Volatility), 불확실성(Uncertainty), 복잡성(Complexity), 모호성(Ambiguity)을 한꺼번에 일컫는 말이다. 한 마디로 앞이 보이지 않는다는 말이다. 이럴 때일수록 예측이 중요하다는 말을 많이 한다. 그런데 예측이란 무엇일까? 내가 생각하는 예측은 무슨 일이 일어날지 알아내는 과정이 아니다. 이건 거의 불가능하다. 내가 생각하는 예측은 로또 숫자를 맞추는 대신 이미 일어난 사실을 재빨리 알아내고 무엇을 대비해야 하는지를 알아내는 과정이다. 예를 들어, 유가 예측보다는 상승과 하락에 따라 무엇을 어떻게 대비할지 미리 고민하는 것이다.

요즘 모든 조직의 화두가 된 디지털 트랜스포메이션(Digital Transformation)도 그렇다. 만나는 사람마다 물어 봤지만 속 시원하게 대답해 주는 사람을 만난 적이 없다. 내가 생각하는 재정의는 "몸이 출근하는 대신 머리가 출근해 일할 수 있도록 여건을 만들고 생각을 바꾸는 것"이다. 힘들게 회사로 가지 않아도 어디에서나 일하는 데 어려움이 없도록 환경을 바꾸어 주는 것이다. 차별이란 말은 또 이렇다. 내가 생각하는 차별은 "개인을 개인이 아닌 집단으로 보는 것"이다. "그 사람을 그 사람 자체로 보는 대신 그 사람이 속한 집단의 일원으로 보는 것"이다. 싸잡아 도매금으로 넘기는 대신 그 사람을 하나의 소중한 인격체로 받아들이고 인정해야 한다.

18 중요한 것은 "상대가 무슨 말을 들었느냐"다

기계류를 제조하여 수출하는 모 회사에서 일어났던 일이다. 수출 의존도가 높은 이 회사는 처음에는 가내 수공업 형태로 시작했다. 설계 기술과 양산 기술이 뛰어나 그동안 지속적인 성장을 하면서 직원들 숫자도 늘어나고 해외에 충성스런 바이어도 늘어났다. 하지만 성장 속도에 비해 직원들 수준이 뒷받침되지 않으면서 여기저기서 삐그덕대는 소리가 들렸다.

그 중에서도 바이어의 불만이 가장 컸다. 전체 물량의 절반 정도를 구매하는 바이어는 이 회사의 품질(Quality), 가격(Cost), 납기(Delivery) 등에 강한 불만을 나타냈다. 이런 상태로는 더 이상 비즈니스를 계속하지 못하겠다는 것이다. 이미 중국에 다른 업체를 수배해 놓고 사장에게 마지막 경고를 했다. 1년간 유예 기간을 줄 테니 획기적인 개선안을 내놓으라는 것이었다. 그렇지 않으면 더 이상 거래하지 않겠다는 것이었다. 그래서 프로젝트가 시작되었고 나는 그 책임자로 이 회사와 바이어를 상대로 일을 시작했다. 당시 이 회사는 매우 잘 나갔다. 대통령상도 수상했고, 매스컴에서도 이 회사 제품이 얼마나 유명한지를 보도했다. 실제로 제품도 우수했고, 별로 나무랄 데가 없었다. 다만 급격한 성장에 맞춰 조직의 구조 및 프로세스가 뒷받침되지 않아서 나타난 현상이었다.

"직원들은 아무도 이야기를 하지 않았다"

하지만 이런 문제점으로 인한 직원들의 불만은 매우 높은 상황이었다. 매일 밤 12시까지 열심히 일하지만 끝이 보이지 않았던 것이다. 문제점이 해결되는 속도보다 새로운 문제점이 나타나는 속도가 빠르니 그 와중에 죽어나는 것은 직원들이었다. 당시 부서장과 바이어는 매일 아침 회의를 했고 나 역시 컨설턴트로 참석을 했다. 현장에서 나타나는 각종 문제점들에 대해 바이어가 이야기하고 대책을 촉구하는 것이 주된 메뉴였다. 핏대를 올리면서 영어로 바이어가 이야기를 하는데 아무도 그를 바라보지 않았다. 눈을 내리깔고 있든지, 아니면 노트에 낙서를 하면서 딴청을 하는 사람이 대부분이었다.

유일하게 내가 자신을 바라보자 그는 나만 보면서 이야기를 했다. 하지만 나는 문제점을 해결할 수 있는 사람이 아니었다. 내가 회의를 중단시키고 사람들에게 물었다. "왜 이 사람 이야기를 듣지 않는 거냐? 이유가 있으면 말을 해보라."……. 하지만 아무도 이야기를 하지 않았다. 나중에 밥을 먹으면서 이유를 묻자 나름의 불만들이 있었다. 그 때문에 아예 그 사람 이야기를 듣지 않

"내가 무슨 말을 했느냐가 중요한 것이 아니라 상대가 무슨 말을 들었느냐가 중요하다." 이 말은 커뮤니케이션의 중요성을 강조했던 피터 드러커(Peter F. Drucker)가 남긴, 가장 유명한 명언 중 하나다.

으려 했다는 것이다. 한 마디로 커뮤니케이션이 이루어지지 않았던 것이다.

이 회사에서 사장부터 팀장까지 전원이 참석하는 워크숍을 진행한 적이 있다. 대부분의 사장들은 교육이란 것은 아랫것들이나 받는 것이라고 생각한다. 이런 측면에서 이 사장님은 괜찮은 사장인 셈이다. 하지만 진행하다 보니 이 사장님이 말하기를 너무 좋아한다는 사실을 알게 되었다. 화두를 주고 토론을 시키면 그 그룹은 항상 사장님 혼자서만 이야기하고 나머지 구성원들은 늘 듣기만 한다. 옆 그룹에서는 킬킬거리며 웃는다. "저 그룹에 속한 사람들은 괴롭겠어. 매번 듣는 말을 이런 자리에 와서 또 듣고. 저래서 성공을 했겠지만 어쩌면 저렇게 자기 말만 할까?" 사장님이 하는 말을 가만히 듣고 있으면 구구절절 옳은 이야기다. 하지만 사람들 얼굴에는 재탕, 삼탕으로 인해 지루하고 괴로운 표정이 역력하다. 이를 눈치 챈 사장님이 다른 사람에게 "당신도 이야기 좀 하라"며 뒤늦게 말하지만 이미 사람들은 마음 문을 걸어 잠근 상태라 아무도 이야기를 하지 않는다.

자신이 무슨 말을 했느냐는 덜 중요하다

커뮤니케이션이 제대로 이루어지지 않는데 성과를 잘 내는 일류 회사를 상상할 수 있을까? 시대가 급변하고 구조가 복잡해지면서 커뮤니케이션의 비중이 커지고 있다. 또 많은 기업에서 가장 큰 애로 사항 중 하나로 원활하지 못한 커뮤니케이션을 꼽고 있다. 커뮤니케이션이 제대로 이루어지는지를 판단하는 기준은 상대가 말할 때 듣는 태도다. 누군가 말할 때 그 사람을 보면서 열심히 들어주는 회사는 커뮤니케이션이 제대로 이루어지는 회사다. 하지만 누군가 말을 할 때 열심히 들어주지 않는 회사는 무언가 문제가 있는 것이다.

　　이런 사소한(?) 태도가 커뮤니케이션의 성패를 좌우하기 때문이다. 커뮤니케이션이란 자신이 무슨 말을 했느냐가 중요한 것이 아니라, 상대가 무슨 말을 들었느냐가 중요하다. 또 말할 마음이 생겨나게 하는 것이 중요하다. 커뮤니케이션 활성화를 위해서는 무엇보다 마음 문을 여는 것이 중요하다. 상대가 마음 문을 열지 않는다면 이유는 무엇인지, 어떻게 하면 문을 열 것인지를 생각해야만 한다.

19 비유, 내 말을 상대의 뇌에 각인시키는 법

●

　높은 사람들은 늘 이런 말을 많이 한다. "그래서, 제가 다 알아듣게 이야기를 했습니다. 그게 늘 제가 하는 말입니다." 물론 이 말의 앞에는 "자신이 이야기를 했으니까 부하들은 다 이해하고 이 말을 따라 행동할 것"이라는 생각이 있다. 그런데 이게 100% 전달될까? 부하들이 다 알아듣고 상사의 기대대로 행동할까? 그러나 이런 생각은 너무 순진하다.

　처지를 바꾸어 생각해 보자. 내가 아내에게 뭔가를 말하면 이 말을 들은 아내가 이 말에 동의하고 이 말과 같이 생각할까? 이런 일이 간혹 일어나긴 하지만 대부분은 말로 그친다. 상대의 생각을 확인하는 데서 끝난다. 소통은 내가 무슨 이야기를 했느냐가 중요한 게 아니다. 상대가 무슨 말을 들었느냐가 중요하다. 그리고 상대를 듣게 만들기 위해서는 상대의 뇌에 각인되는 그런 말을 해야 한다. 그렇다면 어떻게 해야 할까?

소통을 잘하는 사람은 효과적인 비유를 잘한다

　비유(譬喩)는 나의 생각을 상대의 뇌에 각인시키는 좋은 방법이다. 소통을 잘하는 사람들은 비유를 잘한다. 인지하든 인지하지 못하든 이게 효과적이란 걸 알기 때문이다. 나 역시 비유를 좋아한다. 그 사람이 한 말은 다 잊어버려도 그 사람이 한 비유는 늘 머릿속에 남아 있다.

　내가 좋아하는 사람들의 공통점 중 하나는 비유를 잘한다는 것이다. 예수님이 그렇고 부처님이 그렇다. 이들은 비유의 천재들이다. '현대 경영학의 아버지'로 일컬어지는 피터 드러커(Peter Ferdinand Drucker)도 그렇다. 그는 딱딱한 인사 이야기를 스포츠에 비유해 말한다. 이런 식이다. "팀에는 세 종류가 있다. 야구팀 같은 조직, 축구팀 같은 조직, 복식 테니스 같은 조직이 그것이다. 야구팀은 각자의 역할이 분명하다. 아무리 바빠도 투수 대신 외야수가 공을 던지지 않는다. 축구팀 역시 역할은 분명하지만 때로는 역할에 오버랩이 일어난다. 공격수가 수비하고, 수비수도 때론 공격을 한다. 복식 테니스 같은 팀은 역할의 구분이 없다. 볼이 오는 쪽에 있는 사람이 쳐내야 한다." 처음 이 말을 접했을 때 눈앞이 환해지는 느낌이 들었다. 팀의 특성에 대해 이보다 더 명쾌한 설명은 들은 적이 없었다.

　우리나라에는 칼럼니스트 조용헌이 있다. 그는 동양학의 사주명리, 풍수지리, 한의학을 멋지게 구분했다. 다 같은 동양학이지만 처지가 다르다는 것이다. "한의학은 경희대에 한의학과가 생기면서 시민권을 획득했다. 풍수지리는 최창조가 서울대 교수가 되면서 영주권을 얻었다. 그런데 사주명리는 아직 불법체류자다." 비슷하지만 뭔가 차이 나는 것을 콕 집어 눈앞에 있는 것처럼 표현해 준다.

비유란 무엇일까? 어떤 사물의 모양이나 상태 등을 효과적으로 표현하기 위하여 그것과 비슷한 다른 사물에 빗대어 표현하는 수사법이다.

비유는 꽉 막힌 생각을 뚫어준다

비유는 헬라어로 '파라볼레(parabole ; παραβολη)'라고 한다. '파라(para-)'는 '옆'이라는 뜻의 접두사이고, '볼레(bole)'는 '던지다'라는 뜻이다. 파라볼레는 옆에 놓는다는 말이다. 어떤 사물이나 사건을 좀 더 분명하게 인식할 수 있게 비슷한 사물이나 사건을 옆에 두어 비교하게 하는 일을 가리키는 말이다. 이 헬라어가 영어에서는 패러블(parable)로 남아 있다. 서울대 배철현 교수의 〈비유로 설득하라〉에 나오는 대목이다. 한 마디로 서로 다른 사물을 빗대어 자기가 하고 싶은 이야기를 하는 것이 비유란 것이다.

뭔가 설명을 하고 싶은데 제대로 설명하기도 어렵고 상대도 이해하기 어려운 것이 있는가? 뭔가 이야기를 하는데 알아듣기 어려운 것이 있는가? 이럴 때 비유를 사용하면 된다. 음향에서 돌비 시스템은 기적의 기술이다. 이 기술이 처음 개발됐을 때 엔지니어들의 설명을 일반인들이 도대체 알아듣지 못했다. 너무 전문적인 용어를 사용했기 때문이다. 이때 어떤 사람이 이런 식으로 말했다. "세탁기의 역할이 뭡니까? 빨래 안에 있는 오염, 이물질

등을 분리해 제거하는 겁니다. 돌비는 음 안의 소음만을 뽑아 제거하는 겁니다." 얼마나 명쾌한 설명인가? 이게 비유의 힘이다.

비유는 힘이 세다. 비유를 하면 쉽게 설득할 수 있다. 비유는 꽉 막힌 생각을 뚫어 준다. 어렴풋이 생각하던 것을 확실하게 만들어 준다. 유머의 핵심 역시 비유다. 관계없어 보이는 것들 사이의 공통점을 찾아내는 건 유머의 가장 흔한 코드다. 남자와 강아지의 공통점, 나이별로 남자 여자를 산이나 과일에 비유하는 유머 등에 사람들이 환호하는 이유도 바로 이 안에 비유가 있기 때문이다. 나도 이렇게 생각했는데 누군가 그 핵심을 찾아 비유를 했기 때문이다. 만약 우리가 비유를 자유자재로 사용할 수 있다면 이는 엄청난 축복이다. 비유를 잘하면 멋진 연설을 할 수 있고 설득의 대가가 될 수도 있다.

비유는 가장 강력한 커뮤니케이션 기술이다

비유의 핵심은 통찰력이다. 비유는 가장 강력한 커뮤니케이션의 기술이다. "가장 위대한 일은 비유의 대가가 되는 일이다." 아리스토텔레스의 말이다.

비유를 잘하기 위해서는 우선 자신이 하고자 하는 말의 내용은 완벽하게 이해해야 한다. 이게 가장 중요하다. 어렵게 설명한다는 건 그 자체로 그 사람이 내용을 잘 모르고 있다는 뜻이다. 완벽한 이해가 뒷받침되어야 한다. 다음은 다양한 현상이나 사물에 대한 폭넓은 지식이 있어야 한다. 한 가지 분야만 아는 사람은 비유를 할 수 없다.

비유는 전혀 상관없어 보이는 분야와 내가 설명하려는 분야의 공통점을 찾는 일이다. 당연히 여러 분야에 관심이 있어야 하고, 일정 정도 지식이 있어야 한다. 각 분야의 핵심을 이해해야 한다. 다양한 사건이나 사물 사이의 공통점과 차이점도 찾아야 하고, 이를 시의적절하게 사용할 수 있어야 한다. 무엇보다 비유에 대한 많은 사례가 필요하다. 한 마디로 많은 정보의 축적이 필요하다. 공부를 해야 비유를 잘할 수 있다는 말이다.

20 결론부터, 간결하게 말하는 것이 좋다

●

　대기업 임원 시절 많은 보고를 받았다. 난 보고하러 들어온 직원의 보고서 두께를 가장 먼저 살폈다. 두꺼운 보고서를 보면 한숨부터 나왔다. 그런 직원을 보면 짜증이 났다. 그래도 어쩌겠는가? 인내심을 갖고 듣는다.

　하여간 서론이 길다. 무한경쟁 시대 운운하면서 온갖 사례를 늘어놓는다. 난 속으로 "그래서 당신이 하고 싶은 말이 뭔데?" 하는 생각을 한다. 아직 요점은 등장하지 않았다. 인내심의 한계를 느낀 난 결국 "그래서 하고 싶은 말이 뭐야?"라고 묻는다. 결론은 해외 출장을 보내달라는 것이다. 2월에 디트로이트에서 하는 모터쇼와 자동차 관련 학회에 참석을 해서 선진국 동향을 살피고 싶다는 것이다. 알았다면서 돌려보낸다. 그렇지 않아도 그 친구는 선행 관련 기술을 하기 때문에 해외 보낼 생각을 하고 있었다. 그렇다면 처음부터 출장 이야기를 하면 되지 않는가? 왜 말을 빙빙 돌리다 나중에 결론을 이야기하는가? 참 답답한 친구다.

높은 사람들은 모두 시간이 없다

대기업 사장 비서를 오래한 사람과 이야기를 나눈 적이 있다. 6년 간 비서 생활을 하면서 사장님 옆에서 수많은 보고를 같이 받았다고 한다. 호기심에 "사장님의 인정을 받는 임원들은 어떤 공통점이 있나요?"라고 물었다.

잠시 생각하던 그는 이렇게 답했다. "두 가지 공통점이 있습니다. 하나는 보고를 할 때 결론부터 말합니다. 사장님은 늘 시간에 쫓기기 때문에 질질 끌고 빙빙 돌리는 걸 아주 싫어합니다. 또 웬만한 업무는 꿰뚫고 있기 때문에 척하면 바로 알아차립니다. 보고를 듣고 본인이 동의하면 더 이상 시간을 끌 필요가 없습니다. 추가로 궁금하면 그것만 물어보고 답하면 그걸로 끝입니다. 또 다른 하나는, 사장님은 보통 임원들보다 관리 범위가 엄청 넓다는 겁니다. 그러므로 어떤 사안에 대해 명확한 자기 의견이 있어야 합니다. 상황이 어떻고, 어떤 해법이 있고, 그 중 어떤 해법이 어떤 이유로 적합한지 줄줄 이야기할 수 있어야 합니다. 그래야 사장님이 결정할 수 있습니다. 말이 길거나 쓸데없이 여러 정보를 늘어놓고 사장님의 하명을 기다리는 임원은 깨집니다."

높은 사람들의 공통점은 시간이 없다는 것이다. 이들은 하루 종일 각종 회의와 보고에 시달린다. 이들이 가장 먼저 보는 것은 내용이나 제목이 아니라 바로 파워포인트가 몇 장인지를 본다. 짧은 시간 안에 그들을 움직이지 못하면 게임은 끝난 것이다. 간결하게 핵심을 정확하게 전달할 수 있어야 한다. "그래서 결론이 뭐야? 하라는 거야, 말라는 거야?" 보고가 끝난 후 상대로 하여금 이런 생각을 하게 만들면 문제가 커진다.

간결하게 말하려면 내용을 완벽하게 이해해야 한다

그런데 간결함이 떨어지는 이유는 무얼까? 내용을 잘 모르기 때문이다. 내용을 잘 모르면 중언부언할 수밖에 없다. 온갖 정보를 다 늘어놓는다. 부하 직원이 써 준 보고서를 갖고 와서 읽는 중간관리자가 그렇다. 비겁함도 이유다. 자기 의견을 명확히 밝혔다가 혹시 공격을 받지 않을까 두려워 두리뭉실하게 말하는 것이다. 관료적인 조직에서 오래 근무한 사람들이 그렇다. 이들은 말이 길고 애매모호하게 말한다. 속도도 느리다. 이들과 말하다 보면 답답하다. 하자는 건지, 말자는 건지, 알 수가 없다. 듣고 보면 별 내용도 아니다. 뭘 저런 말을 저렇게 느리게 하는 걸까 의구심이 생긴다.

간결함은 전문성에서 나온다. 간결하기 위해서는 그 분야를 완벽하게 이해해야 한다. 폭넓은 지식이 있어야 정확하게 요약할 수 있다. 간결함은 심도 있게 연구한 뒤 갖출 수 있는 그 사람만의 시각이자 관점이다. 간결하지 못한 이유는 본질을 파악하지 못했기 때문이다. 그렇다면 전체 내용을 일일이 전할 수밖에 없다. 듣는 사람이 전체를 듣고 알아서 본질을 파악하란 말이다. 간결함이란 본질을 확실하게 파악한 후 얻을 수 있는 결과물이다.

글도 그렇고 말도 그렇다. 길고 중언부언하는 대부분의 이유는 말하는 사람이 내용을 제대로 알지 못하기 때문이다. 자신도 모르는 말을 하려니 당연히 말이 길어지는 것이다. 뭐든 간결해야 한다. 결론부터 말해야 한다.

21 중복 없이, 그리고 누락 없이 답변하라

미시(MECE)의 핵심

●

며칠 밤을 새워 제안서를 만들고 열심히 설명했는데 고객 입에서 "그래서 주장하는 바가 뭡니까?"라는 반문을 들은 적이 있는가? 반대로 부하 직원이 기를 쓰고 무언가를 설명했는데 도대체 무슨 말인지 알 수 없어 고개를 절레절레 흔든 적은 없는가?

사업상 제안 설명이나 보고에 대해 이런 반응이 나온다면 뭔가 설명이 불충분했든지 논리적인 허점이 있는 것이다. 소통에서는 논리가 정말 중요하다. 논리적인 메시지로 상대를 설득하고, 자신이 의도한 반응을 이끌어 낼 수 있어야 한다.

상대의 의도를 제멋대로 짐작하지 말아야 한다

어떤 것이 논리적인 소통일까? 커뮤니케이션의 첫걸음은 상대의 의도를 파악하는 것이다. 가장 흔하지만 저지르기 쉬운 실수는 상대의 이야기를 듣고 마음대로 짐작하는 것이다. 마음대로 상상하지 말아야 한다. 얼치기 독심술사가 되지 말아야 한다. 이로 인해 상대의 의도를 잘못 파악하면 안 된다. 커뮤니케이션의 전제 조건이다. 좋은 질문과 경청으로 상대의 의견을 정확하게 파악해야 한다. 모든 커뮤니케이션의 기본이다. 상대의 필요를 파악했다면 이제 올바른 답변을 할 수 있어야 한다. 커뮤니케이션은 상대의 필요를 파악하고 이에 대해 답변을 주고받음으로써 이루어진다. 만일 핀트를 잘못 맞춘 답변을 한다면 이야기는 거기서 끝날 것이다.

올바른 답변을 준비한다는 것은 논리의 문제다. 올바른 답변은 무엇일까? 답변은 결론, 근거, 방법으로 이루어져 있다. 결론이란 주장하는 바를 명확하게 하는 것으로서 답변의 핵심이다. 하라는 것인지, 하지 말라는 것인지, 하라면 무엇을 하라는 것인지…, 주장을 명확하게 해야 한다.

"그래서 주장하는 것이 무엇인가요(so what)?" 만약 상대의 입에서 이런 말이 나오면 결론이 명확하지 않았다는 것이다. 다음은 근거다. 올바른 답변이란 왜 그런 결론에 이르렀는지를 설명할 수 있어야 한다. 상대가 "왜 그런가요(why so)?"라고 말한다면 근거가 부족하다는 의미다. 마지막은 방법이다. 하라는 것은 알겠는데 거기에 이르는 구체적이고 현실적인 방법을 설명할 수 있어야 한다. 막연히 품질을 높이라든지, 경쟁력을 제고하라고 말하는 것보다 구체적으로 이런 방법을 써서 액션을 취하라고 요청해야 한다. "그게 가능할까요? 탁상공론 아닙니까?" 상대의 입에서 이런 말이 나오면 방법에 대한 부분이 약한 것이다.

논리적 답변으로 상대를 설득해야 한다

논리적인 답변이란 중복, 누락, 착오가 없는 답변이다. '미시(MECE)'가 바로 이것이다. 미시는 영어로 "Mutually Exclusive and Collectively Exhaustive"의 약자다. "서로 간 중복 없이 동시에 누락 없이"라는 뜻이다. 예를 들어, 음식점의 매출이 줄어드는 것은 문제점일까, 아닐까? 이것은 문제점이 아니다. 이것은 문제점으로 인해 나타나는 현상이다. 진짜 문제점은 다른 데 있다. 점포 입지가 나쁘든지, 음식 맛이 변했든지, 종업원이 불친절하든지…. 그런데 문제점 항목에 '매출 감소'와 '부적절한 입지'를 같이 놓는다면 이것은 중복이 일어난 것이다. 미시라는 원칙을 사용하면 중복, 누락, 착오를 찾아낼 수 있다. 미시는 답변을 논리적으로 다듬어 주는 도구다.

논리를 위해서는 늘 미시를 염두에 두어야 한다. 동시에 이야기의 비약을 막기 위해 '그래서(So What)?'와 '왜 그런데(Why so)?'를 외쳐야 한다. 이런 과정은 철저한 훈련을 필요로 한다. '로지컬 커뮤니케이션(Logical Communication)'이란 논리적 메시지로 상대를 설득하고, 자신이 생각한 반응을 상대로부터 끌어내는 것이다.

22 한 마디를 해도 임팩트(Impact) 있게

회사가 어려울 때마다 경영자들은 인상을 가득 쓰며 뻔한 소리를 한다. "초경쟁시대에 살아남기 위해서는 변해야 삽니다. 허리띠를 졸라매고 뼈를 깎아야 합니다. 어쩌구…." 이런 말을 듣고 허리띠를 졸라매고 뼈를 깎겠다고 결심하는 사람은 없다. 다들 지겨운 시간이 끝나기만을 바랄 뿐이다. 말하는 사람은 진심으로 말했지만 듣는 사람에게는 아무것도 전달되지 않는다. 리더십은 커뮤니케이션이다. 그리고 커뮤니케이션의 전제는 "내가 무슨 말을 했느냐가 중요한 게 아니라 듣는 사람이 무엇을 들었느냐"다.

상대에게 꽂히는 말을 하기 위해서는

뻔한 이야기를 지루하게 할 것이 아니라, 한 마디를 해도 임팩트(Impact) 있게 할 수 있어야 한다. 상대에게 꽂히는 말을 할 수 있어야 한다.

이를 위해서는 우선 공감대 형성이 중요하다. <u>말하는 사람과 듣는 사람 사이의 소통 채널을 만들어야 한다.</u> 그렇지 않으면 아무리 그럴듯한 이야기를 해도 소용없다. 자신을 드러내는 것, 상대에 대한 칭찬과 격려, 웃음을 유발하는 재치, 사람들의 관심을 모을 수 있는 이야깃거리 등이 방법이다. 나는 주로 내 이야기를 많이 한다. 솔직한 내 소개를 하면 사람들 표정이 바뀌는 걸 느낄 수 있다. 귀를 쫑긋 세우는 것이 느껴진다. 다음으로는 하고 싶은 이야기가 명확해야 한다. 이를 위해서는 머릿속 정리가 필요하다. 이 자리에서 하고 싶은 이야기를 첫째, 둘째, 셋째 하는 식으로 정리할 수 있어야 한다. 말을 잘한다는 것은 바꾸어 말하면 머릿속에 하고 싶은 말들이 잘 정리되어 있다는 뜻이다. 최악은 무슨 말을 할지 모르는 상태에서 횡설수설 말을 늘어놓는 것이다. 차라리 아무 말도 하지 않는 게 낫다.

임팩트 있게 말하기 위해서는 <u>'예상을 뒤엎는 말'이 효과적일 때가 많다.</u> 리더십 강의를 하는 나는 이런 말을 자주 한다. "저는 리더십이 완벽하게 없는 사람을 알고 있습니다. 리더로서 하지 말아야 모든 일을 완벽하게 해내는 사람입니다." 다들 웃는다. 하지 말아야 할 것과 완벽이란 말은 어울리지 않기 때문이다. 무능에 완벽이란 단어를 붙였기 때문이다. 사자성어의 매력 또한 이처럼 예상을 뒤엎는 데 있다. 일테면 "곧은 나무가 먼저 베이고 단 샘이 먼저 마른다"는 말이 그렇다. 곧은 나무는 잘되어야 할 것 같은데 먼저 베인다고 한다.

<u>원래의 뜻을 의심하는 것도 방법이다.</u> 공자님 말씀 중에 "마흔 살에는 어떤 유혹에도 넘어가지 않고, 쉰 살에는 천명(天命)을

알고, 예순 살에는 어떤 말을 들어도 귀에 거슬리지 않는다"는 말이 있다. 하지만 난 거꾸로 이야기한다. 난 이렇게 말한다. "마흔 살은 유혹에 가장 약한 나이입니다. 그래서 거꾸로 불혹이란 말을 쓴 것입니다. 쉰 살이면 '꽃중년'의 시작입니다. 내 청춘 이제부터라고 외칠 나이입니다. 그래서 지천명입니다. 예순 살에 귀에 거슬리지 않는다는 말도 말이 되지 않습니다. 나이가 들수록 까다로워집니다. 모든 게 눈에 거슬립니다. 그래서 이순이란 말을 쓴 것 아닐까요?"

반대로 이야기하는 것도 괜찮다. 난 이런 식으로 말한다. "극과 극은 통합니다. 가장 이기적인 사람이 가장 이타적이고, 가장 이타적인 사람이 가장 이기적입니다. 이런 면에서 테레사 수녀는 가장 이타적인 사람입니다. 회사 생활도 그렇습니다. 가장 이기적인 사람이 누군지 아십니까? 회사를 위해 열심히 일하는 사람입니다. 회사를 위해 일하지만 사실 자신을 위해 일을 하는 겁니다. 여기서 배운 경험과 지식과 평판은 오로지 자신의 것이기 때문입니다."

대조와 비교도 좋은 결과를 만들어 준다. "평안과 편안은 비슷해 보이지만 그렇지 않다. 평안은 진짜 복이고, 편안은 가짜 복이다. 재미와 기쁨도 마찬가지다. 재미는 가짜 복이고, 기쁨은 진짜 복이다. 중국인들이 돈을 벌면 가장 먼저 하는 것이 담 쌓고 철망 치는 것이다. 돈이 많아지면 조금 편안하게 살 수는 있지만 오히려 불안해졌다는 뜻이다. 이처럼 돈으로 편안은 살 수 있지만 참 행복을 가져다줄 평안은 살 수 없다." 김동호 목사가 쓴 〈평안과 편안〉이란 글의 일부다. 얼마나 귀에 쏙쏙 들어오는가?

임팩트 있는 말을 하기 위해서는 <u>다른 사람보다는 한 수 위</u>

에 있어야 한다. 다른 시야를 갖고 있어야 한다. 문제를 꼭 움켜쥐고 말하지 않는 바람에 일에 지장을 주는 직원이 있다면 당신은 이 문제를 어떻게 해결하겠는가? 난 이렇게 말하겠다. "자네 problem이란 말의 정의가 뭔지 아나? pro는 앞으로, blem은 던진다는 말에서 나왔네. 즉, 문제는 앞으로 집어던져야 해결이 된다는 것이네. 자네처럼 문제를 혼자 갖고 있으면 절대 해결되지 않는다네."

소통은 말이 아니라 곧 그 사람이다. 말이 지루한 사람은 생각이 지루한 사람이다. 말이 재미난 사람은 인생이 재미난 사람이다. 이런 면에서 효과적인 소통을 위해서는 자신을 그렇게 갈고 닦아야 한다. 늘 사물의 본질을 생각하고, 어떻게 효과적으로 전달할지 고민하고, 공부할 때 이루어지는 일이다.

23 참 쓸데없는 말, 아무 소용없는 말

●

　참 쓸데없는 말, 아무 소용없는 말을 많이 하면서 산다. "이런 말 하지 않으려 했는데"라고 말하면서 사람 속을 긁는 사람들이 있다. 그렇다면 하지 않으면 된다. 왜 그런 말을 굳이 꺼내는가? 누굴 위해 그러는가? 상대를 위한 것 같지만 사실 자신을 위한 것이다. "기분 나쁘게 들릴지 모르겠지만"이라고 서두를 달면서 말을 시작하는 사람도 있다. 자기가 생각해도 상대가 기분 나빠할 것 같은데 듣는 사람이 기분 좋을 리 있는가? 기분 나쁘게 들릴 말을 하는 이유가 무엇인가? 이 말 듣고 "제발 네 기분 좀 나빠지라"는 것이다. 고약한 심보다. "그쪽 걱정이 돼서 하는 말인데"라며 굳이 안 해도 될 말을 한다. 그런데 정말 걱정이 되는 것일까? 말은 그렇게 하지만 사실 제발 걱정 좀 하라는 이야기다. '아무 걱정 없이 사는 네가 미워' 걱정거리를 주고 싶다는 말이다. 이런 말은 가능하면 하지 말아야 한다.

스피치를 할 때는 핵심적인 내용만 말해야 한다

　스피치를 할 때도 그렇다. "내가 이런 말 할 자격은 없지만…"이라고 말을 시작하는 이들이 있다. 참 김새는 일이다. 자격이 없다니, 자격이 없는 사람이 이런 자리에 선 이유는 무언가? 딴에는 겸손이라고 하지만 이건 겸손이 아니다. 정말 쓸데없는 말이다. 이런 말을 할 사람이면 이런 자리에 서지 말았어야 하지 않겠는가? 그렇다면 듣는 우리는 뭐가 되는가? 자격도 없는 사람이 하는 말을 시간 아깝게 들어야 하는가? 정말 아무짝에도 소용없고 해서는 안 되는 말이다. 수시로 '앞에서도 말했지만'이란 말을 하는 사람도 있다. 듣고 보면 앞에서 말하지 않은 경우가 대부분이다. 또 앞에서 말했다는 말을 굳이 하는 이유가 무언가? 만약 했다면 듣는 사람이 알아서 판단하면 된다.

　그보다 더한 말은 '여러분도 다들 알다시피'란 말이다. 이 말을 들을 때마다 '내가 아는지 모르는지 당신이 어떻게 아는가? 그런 말을 하는 저의가 무언가?'란 질문을 던지고 싶은 충동을 느낀다. '솔직히 말씀드려서'라는 말을 계속 반복하는 사람도 있다. 그렇다면 이 말 외에는 다 솔직하지 않은 말을 했다는 건가? 뭔가? 모두 쓸데없는 말이다. 말을 할 때는 핵심적인 말만 하면 된다. 이런 곁말이 많아지는 이유 중 하나는 자신이 하는 말에 알맹이가 없기 때문에 자꾸 이런 말로 그런 걸 희석시키는 것 아닐까?

　하나마나한 말도 참 많다. 대표적인 것이 '힘내라'는 말이다. 힘이란 게 내고 싶다고 낼 수 있는 것인가? 예전에 어떤 여성 코치에게 잠시 운동 관련 코치를 받은 적이 있다. 힘든 운동을 12번씩 서너 세트 반복해야 하는데 마지막이 가까워 오면 그녀는 습관적으로 '힘내세요. 거의 다 됐어요'란 말을 했다. 난 그 말이 듣기 싫었다. 그 말을 들으면 이상하게 힘이 빠졌다. 힘이란 게 내고 싶다고 낼 수 있고, 내기 싫다고 내지 않을 수 있나? 어차피 힘을 내건, 힘을 빼건 내가 알아서 하는 건데 왜 자꾸 옆에서 그런 쓸데없는 말을 하는지 이해할 수 없었다. 그녀가 미안해할까 봐 말은 안 했지만 난 그 말을 들을 때마다 오히려 힘이 빠졌다. 난 차라리 옆에서 지켜보며 눈으로 격려하는 것이 힘을 낼 때 도움이 된다고 생각한다. 힘이 들어 보이면 안아 주든지, 맛난 걸 사 주거나 가벼운 선물을 하는 게 낫다.

힘을 빼라는 것도 그렇다. 힘이란 건 빼고 싶다고 뺄 수 있는 게 아니다. 잘 들어 주든지, 웃게 하든지, 재미난 이야기를 해주는 게 낫다. 스트레스를 받지 말라는 말도 그렇다. 스트레스는 안 받겠다고 결심한다고 받지 않는 게 아니다. 이를 어떻게 인식하느냐의 문제다. 스트레스를 받지 말라는 말은 공기 나쁘니까 공기를 마시지 말라는 말과 같다. 숨을 쉬지 말라는 말이다. 나를 위한다고 하는 말이지만 별 도움이 되지 않는 말이다.

핵심을 찌르는 통찰력, 유머와 재치가 있어야 한다

리더십은 무엇으로 발휘되는가? 바로 말이다. 남들이 생각하지 못한 것, 생각은 했더라도 정리가 안 된 것, 남들이 보지 못하는 것, 지금은 보이지 않지만 미래에 이루고 싶은 것, 아무도 감지하지 못하지만 미래에는 틀림없이 올 위기 등을 미리 말로 정리할 수 있어야 한다. '말은 쉽지만', 정말 쉽지 않은 일이다. 남

미셸 오바마(Michelle Obama)가 《비커밍(Becoming)》이란 책을 낸 이후 이 책에 대해 대담하는 영상을 봤다. 군소리 하나 없는 완벽한 말의 잔치를 감상할 수 있었다.

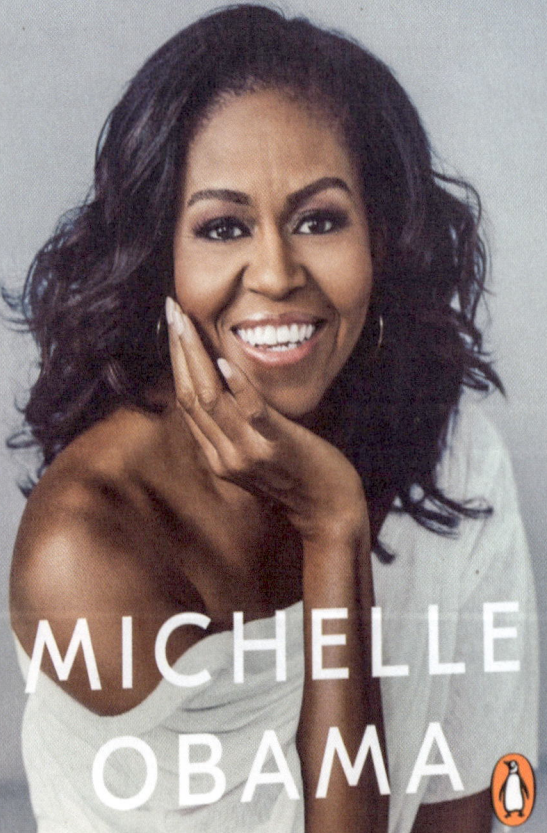

들과는 보는 시야가 달라야 한다. 때로는 장기적인 관점에서, 때로는 높은 곳에 올라서서 볼 수 있어야 한다. 시각도 달라야 한다. 늘 남들이 보지 못하는 것을 보고, 남들과 다른 생각을 할 수 있어야 한다. 추상적 개념을 머리로 그리고 이를 말과 글로 옮길 수 있어야 한다. 고도의 지적 능력이다.

난 말과 글로 밥을 먹지만 말 잘하는 사람을 보면 부러울 때가 있다. 최근 넷플릭스에서 〈비커밍(Becoming)〉이란 영상을 봤다. 오바마 대통령의 퍼스트레이디 미셸 오바마(Michelle Obama)가 주인공이다. 〈비커밍〉이란 책을 낸 이후 전국 순회를 하면서 대담을 하는 걸 모은 영상이다. 그녀가 똑똑하다는 건 알았지만 이 정도일 줄은 몰랐다. 난 감탄을 금치 못했다. 사람의 이야기를 경청하는 모습, 어려운 질문에 통찰력 있는 답변을 하는 모습, 유머와 재치로 좌중을 웃기는 모습이 보기 좋았다. 군소리 제로에 핵심과 재치로 이루어진 완벽한 말의 잔치였다.

여러분은 현재 어떤가? 말 한 마디로 좌중을 사로잡을 수 있는가? 말 한 마디로 좌중을 들었다 놓았다 할 수 있는가? 사람들에게 비전과 영감을 불어넣을 수 있는가? 소통은 바로 이런 것이다.

24 잡담은 정말 쓰잘머리 없는 것일까?

●

　잡담을 자주 하는가? 주로 진지한 이야기만 나누는가? 회의를 할 때 거두절미하고 바로 본론에 들어가는가? 아니면 주제와 별 상관없는 이야기를 조금 하다 본론으로 들어가는가? 소통은 관계이고, 관계를 부드럽게 하기 위해서는 잡담이 필요하다. 잡담은 애피타이저(Appetizer) 같은 역할을 한다. 회의도 그렇다. 난 회의 10분쯤 전에 미리 올 것을 직원들에게 주문한다. 미리 와서 안부도 묻고 잡담을 하면서 분위기를 부드럽게 한 후 회의를 하는 게 소통에 유리하기 때문이다.

　잡담이란 무엇일까? 잡담이란 그야말로 잡스러운 것일까? 사는 데 전혀 도움이 되지 않는 것일까? 잡담은 아랫것들이나 하는 쓰잘머리 없는 것일까? 난 동의하지 않는다. 난 잡담을 많이 하는 집단이 소통이 잘되고, 생산성이 높을 것이란 생각을 갖고 있다. 잡담은 상대를 인정하고 받아들이기 위한 행위다. 잡담을 하면 서로의 거리가 좁혀진다. 잡담을 하면 그 사람과의 사이에 다리가 놓이고 공통의 접점이 만들어진다. 당연히 잡담에 능한 사람이 일도 잘한다. 잠깐의 잡담을 통해 상대의 속마음을 간파할 수 있을 뿐 아니라 상대에게 자기 매력을 어필할 수도 있다. 잡담은 중요한 커뮤니케이션 능력이다.

잡담으로 상대의 호감과 신뢰를 얻을 수 있다

잡담은 상대를 존중해야 할 수 있다. 상대를 무시하면 잡담을 할 이유가 없다. 잡담을 하기 위해서는 우선 인사를 해야 한다. 먼저 말을 건넬 수 있어야 한다. 내 이야기보다는 상대로 하여금 대화의 주도권을 갖게 해야 한다. 그래야 분위기가 뜬다. 잡담에서는 화제 지배율이 중요하다. 내 화제보다는 상대 화제의 비율이 높아야 한다. 잡담은 토론이 아니다. 결론을 요하지도 않고 능수능란한 화술도 필요 없다. 알맹이 없는 의미 없는 대화라도 상관없다. 친숙한 분위기를 만들어 상대의 호감과 신뢰를 얻는 데 의의가 있다. 그런데 필요한 게 있다. 상대 이야기에 귀를 기울일 수 있어야 한다. 긍정과 칭찬으로 응수할 수 있어야 한다. 상대와의 공통점을 찾아 화제를 이끌어 갈 수 있어야 한다. 그런데 조심할 게 있다. 일문일답이다. 묻는 말에만 기계적으로 답하는 것이다. 이는 거절과 같다. 당신과는 말하고 싶지 않다는 뜻의 다른 표현이다. 잡담은 캐치볼과 같다. 볼을 받았으면 이를 상대에게 넘겨야 한다.

잡담은 언제 어떻게 해야 할까? 특별한 때는 없다. 일상에서 늘 할 수 있다. 자주 만나지만 인사를 안 했던 사람이 좋다. 회사

앞 경비, 김밥 파는 아줌마, 엘리베이터에서 매일 만나는 동네 사람, 자주 가는 가게 주인 등. 내 경우는 택시를 탔을 때 많이 한다. 길이 막힐 때 잡담을 하면 서먹하던 분위기도 좋아진다.

사이토 다카시가 쓴 〈잡담이 능력이다〉란 책에 잡담을 잘하기 위한 원칙 몇 가지가 있다. 잡담을 이해하는 것이 중요하다, 잡담은 알맹이가 없다는 데 의의가 있다, 잡담은 인사 플러스 알파로 이뤄진다, 잡담에 결론은 필요 없다, 잡담은 과감하게 맺는다, 잡담을 훈련하면 누구라도 능숙해진다는 것이 그것이다.

잡담을 잘하기 위해서는 '소재 창고'가 필요하다

잡담을 위한 소재로는 무엇이 좋을까? 정답은 없다. 한눈에 들어오는 범위 내에서 주제를 찾아보면 된다. '이건 뭐예요?'라고 묻기만 해도 괜찮다. 달리 할 말이 없을 때는 칭찬으로 시작하면 좋다. 사소한 것도 좋다. 칭찬을 주고받으면 함께 있는 동안 서로 간 거리가 가까워지고 분위기가 좋아진다. 상대와의 공통점을 찾는 것도 방법이다. 대상은 구체적일수록 좋다. 핫한 화제를 입수했다면 바로 활용하는 것도 방법이다. 이를 위해 매일 뉴스와 신문을 훑어보는 것도 필요하다. 잡담을 잘하기 위해서는 소재 창고를 갖고 있으면 도움이 된다. 늘 감성의 안테나를 세우면 정보 감각이 높아져 다른 사람보다 민감하게 자극에 반응할 수 있다. 잡담의 가장 좋은 화제는 아기와 강아지다. 이를 매개로 말을 하면 분위기가 좋아진다.

사람을 가리면 잡담을 할 수 없다. 누구와도 잡담을 할 수 있다는 것은 별다른 선입견이나 고정관념이 없다는 걸 뜻한다. 중립적이고 균형 잡힌 사람이란 증거다. 어느 누구와도 적당한 거리감을 유지하면서 사회성이 있는 사람이란 의미가 된다. 조직에서의 평가도 잡담 능력과 관련이 있다. 누구에게나 거리낌 없이 대하는 사람은 주위에 따르는 사람이 많다. 인덕이 높고 평판이 좋을 가능성이 높다. 반대로 화술 자체는 뛰어나도 상대를 골라 말을 하는 사람, 싫은 사람과는 말도 섞지 않는 사람은 왠지 그릇이 작다는 느낌이 든다.

    직업상 임원 회의에서 자주 강의를 한다. 높은 사람들이 많은 임원 회의는 대체로 분위기가 엄숙하고 경건하다. 어떤 경우는 숨이 꽉 막히는 느낌도 받는다. 이런 회의에서 뭔가 자신의 생각을 솔직하게 말하는 것은 쉽지 않다. 당연히 효과적인 회의를 하기는 어렵다. 이런 딱딱한 분위기를 풀 수 있는 방법 중 하나가 잡담하는 능력이다. 잡담을 하고 잡담에 응대를 하는 분위기다. 본론과는 관련 없지만 이런 이야기를 주고받으면서 분위기가 부드러워진다. 그런데 이는 아무나 할 수 있는 것이 아니다. 잡담할 수 있는 능력이 필수적이다. 잡담은 아주 소중한 소통 능력이다.

25 때로는 침묵이
      더 많은 말을 한다

●

　가끔 이런 상상을 해 본다. 모든 사람들이 시간을 정해 하루 종일 입을 다무는 거다. SNS도 하지 않는다. 글도 읽고 쓰지 않는다. 라디오도 듣지 않고 텔레비전도 보지 않는다. 그야말로 모든 것이 침묵이다. 세상에는 정적만이 흐른다. 그렇다면 어떤 일이 벌어질까? 세상은 참 고요하고 평화로울 거다.
　그리고 말을 못 하기 때문에 스스로를 돌아볼 귀한 시간을 갖게 될 것이다. 우리는 너무 불필요한 말을 많이 한다. 따지는 말, 비방하는 말, 험담하는 말, 쓸데없는 말, 시기하고 질투하는 말, 속이고 기만하는 거짓말…. 말보다 중요한 건 침묵이다. 침묵할 수 있어야 한다. 가만히 있을 수 있어야 한다. 하고 싶은 말이 있어도 참을 수 있어야 한다. 말을 해서 얻는 것보다는 말을 해서 잃는 게 더 많다. 말이 말을 낳고, 또 그 말이 오해를 불러일으킨다. 백 마디 말보다 침묵이 나을 때가 있다.

말을 시작하기 전에, 잠시 침묵하는 것이 좋다

　강의를 할 때도 그렇다. 난 강의를 할 때 침묵으로 시작한다. 가만히 입을 다물고 청중을 돌아본다. 처음엔 시끄럽지만 시간이 흐르면 이내 조용해진다. 청중도 나를 보기 시작한다. 이러면 집중이 잘된다. 훨씬 효과적으로 강의를 시작할 수 있다. 질문에 대한 답을 할 때도 그렇다. 잘 아는 질문이라도 바로 답을 하는 것보다는 잠시 침묵한 후 답을 하는 게 좋다. 말을 하기 전에 생각하는 게 좋다. 다시 한번 생각하면 말로 인한 실수를 줄일 수 있다. 나 자신도 신중해지고, 듣는 사람도 진지해진다.

　이틀간 모 기업의 직원을 대상으로 마라톤 강의와 자문을 했다. 하루 종일 말을 많이 하고 여러 사람들 이야기를 들었다. 귀가 아팠고 입도 아팠고 눈도 아팠다. 더 이상은 아무것도 듣고 싶지 않고 말하고 싶지 않았다. 아무것도 보고 싶지 않았다. 정말 혼자 있고 싶었다. 정말 간절하게 나만의 시간을 갖고 싶었다. 그래서 사우나에 갔는데 사우나에서는 또 텔레비전 소리가 크게 울리고 있었다. 정말 깨부수고 싶은 충동을 느꼈다. 아니, 사우나에서까지 텔레비전을 보고 싶을까? 산에서 라디오를 틀고 다니는 사람이 있다. 산에서까지 라디오를 듣고 싶을까? 늘 텔레비전이 켜져 있는 집, 항상 라디오가 켜져 있는 차가 있다. 왜 그럴까? 잠시도 가만히 있지 못하고 계속 전화를 하거나 전화를 받아야 직성이 풀리는 사람도 있다. 왜 그럴까?

　침묵을 견디지 못해 무슨 말이라도 계속 지껄여야 하는 사람도 있다. 왜 그럴까? 이들의 공통점이 뭘까? 다들 혼자만의 시간을 견디지 못하는 사람들이다. 침묵을 무서워하는 사람들이다.

자신과의 대면이 두려운 사람들이다. 또 다른 내가 하는 소리를 외면하고 싶은 사람들이다. 난 대화를 사랑하지만 대화 못지않게 혼자만의 시간을 사랑한다. 특히 사람들 사이에서 시달린 날은 간절히 혼자 있고 싶다. 남들과 있는 시간만큼 혼자 있지 못하면 난 미칠지도 모른다.

입은 재앙을 불러들이는 문이다

구시화문(口是禍門)이란 말이 있다. 중국 오대(五代) 때 다섯 왕조에서 재상을 지낸 풍도(馮道)가 지은 오언시 〈혓바닥(舌)〉의 첫 구절이다. 풍도는 〈혓바닥〉에서 이렇게 읊는다. "입은 재앙을 불러들이는 문이요, 혀는 몸을 자르는 칼이다.—(口是禍之門 舌是斬身刀)" 곧 화는 입을 통해 닥친다는 말이다.

얼마나 많은 사람들이 입 때문에 구설수에 오르는가? 가만히 있으면 될 일을 입을 놀려 고생을 하는 것이다. 가톨릭에는 '침묵 피정(Silence Retreats)'이란 것이 있다. 아무 말도 하지 않고 가만히 있는 거다. 수도자들이 침묵하는 것은 침묵 그 자체에 의미가 있어서가 아니다. 침묵이라는 과정을 거쳐 자기 생각을 정리할 수 있기 때문이다. 윈스턴 처칠(Winston Churchill)은 시간만 나면 방음 장치기 된 자기 방에 홀로 있기를 좋아했다. 샤를 드골(Charles de Gaulle)도 집무실에 들어가면 전화기가 울리지 못하도록 했다. 말을 배우는 데는 2년밖에 안 걸리지만 침묵을 배우는 데는 오랜 시간이 걸린다.

소통이라고 하면 대부분 사람들은 뭔가 입으로 자기 생각을 드러내는 걸 생각한다. 물론 맞는 말이지만 때론 침묵이 더 많은 말을 한다. 침묵 자체가 소통이다. 말을 하지 않는 것이 백 마디 말보다 더 강력한 메시지를 전할 수 있다. 말하는 것 못지않게 침묵을 배워야 한다. 난 말을 잘하는 편이다. 그런데 앞으론 말보다 침묵을 배우고 싶다. 일주일에 한 번은 침묵의 날을 만들어 볼 예정이다. 어떤 변화가 올지 기대가 된다.

26 눈높이로 말하라, 눈을 맞추고 말하라

●

　난 강의가 직업이지만 중고등학생을 위한 강의는 하지 않는다. 한두 번 해봤는데 반응이 별로이기 때문이다. 눈높이가 맞지 않는 것이 가장 큰 이유다. 솔직히 난 중고생들의 눈높이에 맞출 자신이 없다. 노인을 위한 강의도 내게는 맞지 않는다. 아직 스스로 노인이라고 생각하지 않고 현역으로 일하는 내가 노인들의 마음을 알고 소통할 자신이 없기 때문이다. 하지만 직장인을 위한 강의는 잘하는 편이다. 직급이 높고 많이 배운 사람일수록 자신이 있다. 공통점도 많고 눈높이도 쉽게 맞출 수 있기 때문이다.

　소통에서 가장 중요한 건 눈높이를 맞추는 것이다. 상대 눈높이에 맞출 수 있어야 한다. 이렇게 하면 소통의 효율이 올라간다. 말이야 쉽지만 눈높이 맞추는 건 결코 쉬운 일이 아니다. 강연을 할 때 가장 중요한 것은 눈높이에 맞춰 공감대를 형성하는 것이다. 리더십도 그렇다. 그들의 관심사, 언어에 눈높이를 맞추는 것이다.

대리와 대화하려면 대리의 눈높이로 말해야 한다

관료 출신으로 재보험사 코리안리의 기반을 다진 박종원 전 사장은 이런 면에서 탁월한 사람이다. 그는 이렇게 말한다. "리더십은 소통이다. 직원들과 밥 한번 먹었다고 소통한 게 아니다. 정작 직원들은 밥도 안 넘어간다. 대리랑 이야기하려면 대리로 내려가야 한다. 길에 버려진 개가 왜 사람을 보고 사납게 짖는 줄 아는가? 사람 눈이 자기보다 위에 있어서 그렇다. 개 눈높이만큼 앉아서 눈을 마주치고 한 시간이고 두 시간이고 기다려라. 그 다음 쓰다듬어 주면 조용해진다." 눈높이의 중요성을 호소력 있게 표현했다.

좋은 분필을 만들기로 유명한 '일본이화학공업'은 장애인을 많이 고용해 운영하는 것으로 유명하다. 말은 쉽지만 장애인에게 일을 시키는 건 쉽지 않은데 핵심은 장애인 눈높이에 맞춰 일을 시키는 것이다. 재료의 중량을 잴 때는 빨간 추와 파란 추를 만들었다. 빨간 통에 들어있는 재료를 잴 때는 저울 한쪽에 빨간 추를 올리고, 저울 다른 쪽에는 빨간 통 속 재료를 조금씩 퍼 담는다. 저울 눈금이 중간에 오면 멈춘다. 심플하다. 재료 개는 시간은 일반 시계 대신 모래시계를 사용한다. 이에 대해 이렇게 생각한다. "일이 안 되면 흔히 일하는 사람에게 능력이 없다고 말한다. 하지만 사실은 주변에서 그 사람에게 맞게 일하는 방법을 마련하지 않았기 때문이다. 누구나 열심히 일해서 도움이 되고 칭찬받으려는 생각을 갖고 있다. 길만 열어 주면 그들은 열심히 일할 것이다."

소통에서 눈높이 맞추는 만큼 중요한 건 바로 눈맞춤이다. 눈을 보지 않은 채 하는 소통은 실패하기 쉽다. 대표적인 건 원고를 읽는 정치인들이다. 연설이건 소통이건 핵심은 눈을 보는 것이다. 눈을 마주치는 건 소통에서 매우 중요한 요소다. 신뢰와 진정성을 증진시키고, 집중과 관심을 표현하며, 비언어적 소통을 강화하는 데 중요한 역할을 한다. 원고 없이 눈을 보며 말을 하는 것과 원고를 보면서 읽는 것 중 어느 게 소통에 유리할까? 사랑을 고백할 때도 원고를 읽는가?

사랑에 빠지는 걸 '눈이 맞았다'고 말하는 이유

눈을 보지 않는다는 건 어떤 의미일까? 언제 눈을 보지 않을까? 뭔가 떳떳하지 못하거나, 숨기거나, 자신이 없을 때 눈을 피하는 법이다. 이미 그 자체로 신뢰를 잃는다. 그런데 눈 보는 걸 죄악시하는 집단이 있다. 바로 조폭 집단이다. 그들은 눈을 똑바로 쳐다보는 걸 일종의 저항이나 반항으로 받아들인다. 상대 눈을 내리깔게 만드는 걸 파워라고 생각한다. 마초 성향의 꼰대도 눈을 바로 보는 걸 싫어한다.

사랑에 빠지는 걸 '눈이 맞았다'고 표현한다. 입도 맞을 수 있고, 손도 잡을 수 있는데 왜 하필 눈이 맞는다고 말할까? 그만큼 소통에서 눈이 결정적 역할을 하기 때문이다. 일단 눈끼리 소통이 되어야 다른 것도 통하는 것이다. 눈을 마주치고, 눈높이를 맞추는 건 소통의 기본 중 기본이다.

27 군대 프리젠테이션의 추억

얼마 전 모 기업에서 프리젠테이션 교육 요청을 받았다. 내용은 이렇다. "우리 회사는 대부분이 엔지니어입니다. 임원이 되려면 사장님 앞에서 프리젠테이션을 하고 대화도 나누어야 하는데 프리젠테이션이 끝난 후 사장님이 역정을 냈습니다. 너무 조리도 없고 스킬도 없어 한심하다며 전 임원을 대상으로 프리젠테이션 교육을 진행하라는 겁니다." 평소 관심이 있던 주제이고 임원 시절에 늘 사람들에게 프리젠테이션과 관련해 피드백을 많이 했기 때문에 '예스'를 하고 준비를 시작했다.

군사 정보를 일목요연하게 표현하는 차트병

문득 옛날 생각이 났다. 내가 차트병으로 군대를 갔기 때문이다. 차트병이란 차트를 만드는 행정병을 말하고, 군대에서의 차트는 전달하고자 하는 군사 정보를 표, 그림, 흐름도, 그래표, 글씨 등으로 일목요연하게 표현한 것이다. 컴퓨터도 없고 편집 프로그램도 없었으므로 이걸 손으로 쓰고 그린다. 지금으로 치면 프리젠테이션을 위한 파워포인트 작업이다. 난 군대 이야기를 하지 않는다. 군대 이야기를 꺼내는 일은 거의 없다. 그런데 이번은 예외다. 차트병에 얽힌 기억 때문이다.

1977년 12월 19일, 내가 입대한 날이다. 대학교 3학년 2학기 학기말 시험을 치르고 바로 군대를 간 것이다. 그날 난 버스를 타고 연무대(鍊武臺 ; 육군훈련소, 논산훈련소)에 입소했다. 크리스마스를 일주일 앞 둔 날이다. 1980년 3월 12일 내 전역일이다. 세상에 태어나 가장 기뻤던 날 중의 하나다. 그날 난 용인에 있던 부대를 당당하게 걸어 나왔다. 내 앞에는 대망의 80년대가 놓여 있었다. 71032○○○는 내 군번이다. 일반 군번과는 다르다. 지원입대를 했기 때문이다. 지원 입대라니? 나 자신도 이해할 수 없는 행동이다. 다들 안 가려는 군대를 지원했단 말인가? 난 계획적인 사람이라기보다는 그때그때 내키는 대로 행동하는 사람이다. 군대 문제도 그렇다. 내 친구들은 대부분 치밀하게 따져서 군대를 갔다. 과 친구들의 절반은 ROTC를 했다. 2학년을 마치고 가는 친구들도 많았다. 화공과나 기계과처럼 과학원에 같은 과가 있는 애들은 과학원 시험을 공부했다. 거기 붙으면 군대를 안 가도 되기 때문이다. 화공과나 기계과 친구들은 대부분 과학원 공부에 매달렸다. 난 입장이 애매했다. 과학원은 섬유과를 뽑지 않았기 때문이다. 정말 가고 싶으면 화공과 등으로 전공을 바꾸면 되지만 쉬운 일이 아니었다. 그저 어떻게 되겠지 하면서 시간을 보냈다. 그러다 3학년 2학기가 되자 친한 친구들이 하나 둘 군대를 갔다. 친구들이 사라진 가을 캠퍼스는 참 쓸쓸했다. 친구들은 없지, 공부도 재미없지, 여자친구도 없지, 미래는 불투명하지, 돈도 없지, 군대는 가야 하지….

사실 3학년 2학기가 되면서 난 공부를 하려고 굳게 결심했다. 그래서 청암사란 공대 기숙사에 들어갔다. 분위기를 바꾸기 위해서다. 그런데 이곳도 사람에 따라 천차만별이다. 공부하는 친구들은 밤을 새워 공부를 했지만 노는 친구들은 밤을 새워 술을 마시거나 포커를 쳤다. 난 어정쩡했다. 공부도 아니고 술도 아니고 그야말로 이도 저도 아닌 생활을 했다. 그런데 자꾸 몸이 처졌다. 그래서인지 기숙사 들어간 처음 3일간 늦잠을 자는 바람에 첫 수업에 늦었다. 두 시간 버스를 타고 와서도 들었던 첫 수업을 엎어지면 코 닿을 곳에서 늦는 나 자신을 이해할 수 없었다. 참 나 자신이 싫었던 시절이다.

아는 것은 많은데 발표를 잘 못하는가?

이렇게 지낼 바엔 군대라도 다녀오는 것이 낫겠단 생각이 들었다. 하지만 신체검사를 받고 정식으로 영장을 받으려면 또 시간이 걸렸다. 이번 학기에는 불가능했다. 이때 누군가가 내게 종로에 차트학원이 있는데 이 학원에 다니고 시험을 봐서 붙으면 차트병(차트를 쓰는 행정병)으로 갈 수 있다는 정보를 알려 주었다. 돈을 내고 학원에 등록은 했는데 두세 번 나가고 거의 나가지 않았다. 기숙사 생활이 익숙해지면서 분주했다. 술자리도 많고 소개팅도 많아서 거의 생활이 되지 않을 정도였다. 당연히 차트

학원은 우선순위에서 밀렸다. 11월 말쯤 차트 시험을 보라는 통지가 왔다. 그래도 학원비가 아까워 시험은 봤지만 붙을 가능성은 없었다. 그런데 며칠 후 합격 통지와 함께 12월 19일까지 입대를 하라는 연락을 받았다. 취소하려고 했지만 불가능하다는 답변만 들었다.

이렇게 해서 난 군대를 가게 되었다. 입대 후 난 차트병으로 자질이 부족하단 판정을 받았다. 워낙 날림으로 붙은 것이 들통난 것이다. 나를 받은 사수는 난감해했다. 나 역시 차트병의 일과가 고달파 보여 내심 잘됐다고 생각했다. 난 군대에서 행정병으로 근무하면서 발표의 중요성을 절감했다. 같은 일을 해도 차트를 일목요연하게 정리해서 조리 있게 발표하면 상사의 인정을 받았다. 하지만 발표를 못하는 사람들은 불이익을 받았다. 졸병인 내 눈에도 대번에 그 사실을 알 수 있었다. 발표를 제대로 하지 못하고 나온 장교들은 내 앞에서 푸념을 늘어놓았다. "이상하게 단장님 앞에서는 헤매. 내 실력을 제대로 인정받지 못해. 억울해….” 난 속으로 생각했다. "이 사람아, 그게 실력이야. 아는 것을 제대로 전달하지 못한다는 것은 그만큼 제대로 이해하지 못한다는 증거 아니겠어."

여러분의 발표 능력은 어떤가? 아는 것은 많은데 발표를 못한다고 생각하는가? 아는 것은 별로 없는데 발표는 잘한다고 생각하는가? 그렇다면 실력의 정의를 뭐라고 생각하는가? 내가 프리젠테이션 교육을 준비하면서 든 생각이다.

28 말을 해야 할 때 하지 말아야 할 때

소통은 타이밍이다

예전에 '잔소리 할아버지'란 별명을 가진 분이 있었다. 하루 종일 쉬지 않고 잔소리를 하기 때문에 붙여진 별명이다. 이거 해라, 저거 해라, 이거 하지 마라, 저걸 왜 했냐…. 심지어 부엌에까지 진출해 잔소리를 했다. 나이가 많은 분이 뭐라 하니까 안 들을 수는 없고 모든 사람이 머리를 절레절레 흔들었다. 참, 어리석은 노인이다. 잔소리란 옳은 말을 기분 나쁘게 하는 것이다. 자신은 뭔가 했다고 생각했지만 그가 한 일이란 다른 사람을 짜증나게 한 일뿐이다. 이런 일이 반복되면 그는 왕따가 되고 결국 독거노인이 될 것이다. 지혜란 나설 때와 나서지 말 때를 구분하는 것이다. 나서야 할 때는 나서지 않고 나서지 않아야 할 때는 나선다면 문제가 된다.

말도 그렇다. 말을 해야 할 때와 하지 말아야 할 때가 있는데 이를 구분할 수 있어야 한다. 다음 시는 이걸 잘 표현하고 있다. 〈말을 해야 할 때와 하지 말아야 할 때〉(무명씨)라는 제목의 시다.

줄 때는 말이 필요 없습니다. / 사랑하는 사람에게 / 귀한 선물을 주면서 그것에 대해 설명하면 / 그 가치가 / 오히려 떨어지는 것과 마찬가지입니다. / 주는 행위 안에는 / 내가 하고 싶은 말이 / 모두 포함되어 있기 때문입니다.

하지만 / 받을 때는 말해야 합니다. / 내 마음의 / 고마움을 적극적으로 표현해야 합니다. / 그리고 / 다시 그에게 무언가를 줄 때는 / 아무 말도 하지 말아야 합니다. / 이제는 주는 사람이기 때문입니다.

말을 해야 할 때와 하지 말아야 할 때를 / 구별하는 일이 생각처럼 쉽지 않지만 / 이 기술 하나만으로도 / 우리는 많은 것을 얻을 수 있습니다.

감사, 사과, 양해 등의 말은 제때 해야 효과가 있다

무언가를 줄 때는 말이 필요 없다. 준다는 행위로 많은 것을 말했기 때문이다. 반대로 무언가를 받았을 때는 적극적으로 말해야 한다. 감사함을 표시해야 한다. 무언가 받고도 시큰둥한 반응을 보이는 것은 예의가 아니다. 딴에는 큰마음을 먹고 지인에게 큰돈을 준 적이 있다. 어렵다는 이야기를 전해 듣고 내린 결정이다. 한데 반응이 뜨뜻미지근하다. 고맙다고는 하는데 영 탐탁치가 않았다. 기분이 별로였다. 뭔가를 받을 때는 적극적으로 감사 표시를 해야 한다. 반대로 줄 때는 가능한 말을 줄여야 한다. 주면서 생색을 내면 안 된다. 특히 남의 돈으로 밥을 살 때 조심해야 한다. 회사 돈으로 회식을 할 때도 그렇다. '계주생면(契酒生面)'이란 말이 있다. "계를 모아 장만한 술을 마치 자기가 사는 것처럼 생색을 낸다"는 뜻이다.

말을 할 때와 하지 말아야 할 때, 나서야 할 때와 나서지 말아야 할 때, 갈 자리와 가지 말아야 할 자리를 구분하는 것이 지혜다. 문제는 이런 지혜는 학교에서 가르쳐 주지 않는다는 것이다. 스스로 몸으로 배워야 한다.

잘 나가는 대기업 임원들에게 은퇴 후 무얼 하겠느냐고 물으면 열에 아홉은 그동안 바빠 배우자를 챙기지 못했으니 배우자와 해외여행을 다니고 싶다고 대답한다. 그럴 때 난 짓궂게 "근데, 부인께서는 같이 가고 싶어 하나요?"라고 묻는다. 부인 생각은 다를 것이다. 아이도 그렇다. 바쁜 아버지는 아이와 놀아 주지 못한다. 당연히 아이들은 놀아 달라고 징징댄다. 세월이 지나면 현상이 역전된다. 은퇴한 부모는 한가한데 아이들이 놀아 주지 않는다. 이를 보면 모든 일에는 다 때가 있는 것 같다. 말도 그렇다. 소통의 핵심은 타이밍이다. 과일도 제철 과일이 몸에 좋은 것처럼 말 또한 제때 해야 효과가 크다. 좋은 말을 할 때도, 사과나 양해 등 조심스러운 말을 할 때도 타이밍이 중요하다. 특히 공적인 피드백은 제때 해야 한다. 이때를 놓치면 안 된다.

이런 측면에서 내가 생각하는 일 잘하는 사람은 피드백 속도가 빠른 사람이다. 결정도 타이밍이 중요하다. 제때 내린 잘못된 결정이 늦게 내린 올바른 결정보다 나은 법이다. 혹시 현재 놓치고 있는 것이 없는지 살펴보라.

29 빈말, 가식적인 말, 쓸데없는 말

사람들은 빈말을 많이 한다. 맘에는 없지만 솔직한 이야기를 해서 상대와의 관계를 해치고 싶지 않기 때문이다. 이런 빈말이 가장 넘쳐나는 곳은 SNS다. 별것 아닌 사진 한 장에 '할렐루야' 같은 용비어천가를 부른다. 내가 좋아하는 TV프로그램 〈복면가왕〉에서도 이런 현상을 볼 수 있다. 평범하게 노래를 부른 사람에게도 지나친 찬사를 보낸다. 그렇게 많은 가수가 그렇게 많은 노래를 불렀어도 한 번도 비판적인 말을 들은 적이 없다. 그렇기 때문에 사람 말을 있는 그대로 받아들이는 건 위험하다.

아부와 지나친 칭찬의 말은 위조지폐와 같다. 위조지폐를 진짜로 생각해 다른 곳에서 사용하면 낭패를 당할 수 있다. 특히 칭찬의 말은 그런 걸 감안해서 들어야 한다. 나같이 강의가 주업인 사람은 더욱 그렇다. 수없이 많은 강의를 했지만 강의 후 한 번도 강의가 별로라는 평을 들은 적이 없는데 결코 사실이 아닐 것이다. 다음 유머가 이를 잘 말해 준다. "여사의 No는 maybe

다. 여자의 maybe는 yes다. yes라고 말하는 여자는 더 이상 여자가 아니다. 외교관도 그렇다. 외교관의 yes는 maybe다. 외교관의 maybe는 no다. no라고 말하는 외교관은 더 이상 외교관이 아니다."

높이 올라갈수록, 나이가 들수록 이를 조심해야 한다. 당신이 말할 때마다 웃는 부하가 정말 재미있어서 웃는다고 생각하는가? 그렇다면 당신은 너무 순진한 것이다. 빈말을 조심해야 한다. 빈말은 말 그대로 속이 없는 말이다. 이런 말을 실제로 믿고 행동하면 안 된다.

쓸데없는 약속도 참 많이 한다. 연락 드릴게요, 식사 한번 해요, 조만간 강의 한번 부탁할게요, 라운딩 한번 해요 등과 같은 약속이다. 물론 칼같이 지키는 사람도 있지만 대부분은 그렇지 않은데 이를 식언(食言)이라 한다. 밥 먹듯이 말을 먹는다는 말이다. 왜 이럴까? 순간의 압박감이나 의무감에서, 하고 싶지 않은 말을 하기 때문이다. 사실 이럴 필요가 없다. 약속은 말 자체에 '묶는다'는 뜻이 포함되어 있다. 약속을 한다는 건 그 약속에 내가 묶인다는 말이다. 약속을 지키는 최선의 방법은 가능한 약속을 하지 않는 것이다. 식언을 많이 하는 사람에게 주고 싶은 사자성어가 있다. 식언이비(食言而肥)란 말이다. "말을 많이 먹어서 살이 찐다"는 뜻이다. 몸만 다이어트를 할 게 아니라 말에도 다이어트가 필요하다. 그런데 중요한 건 듣는 사람이다. 듣는 사람이 이를 감안해 들어야 한다. 제일 흔한 사례가 '검토해 보겠습니다'란 말이다. 내가 생각하는 이 말은 그 자리에서 거절을 못 할 때 쓰는 외교적 용어다. 이런 말을 진실로 생각한다면 당신은 조금 모자란 것이다.

말하기 전에 내 생각을 정리해야 한다

소통에서 말이 차지하는 비중이 낮다고는 하지만 그래도 많은 경우 이 말을 듣고 판단할 수밖에 없다. 내가 생각하는 말은 그 사람 생각이 겉으로 나온 것이다. 그렇기 때문에 말하기 전에 내 생각을 정리해야 한다. 정리할 수 있어야 한다.

가장 위험한 건 생각은 그렇지 않은데 이 생각을 감추려 하는 것이다. 이럴 때 이상한 행동이 드러난다. 헛기침하고, 어깨에 힘이 잔뜩 들어가고, 목소리를 착 깔아 말하게 된다. 주변을 무지 의식하는 사람, 화장을 변장 수준으로 하는 사람, 철마다 성형을 해서 주변 사람도 알아보지 못하게 만드는 사람들도 사실은 뭔가를 감추고 싶은 사람들이다. 자신의 원래 모습을 남들이 알까 두려워하는 사람이다. 그런데 이게 가능할까? 가린다고 가릴 수 있을까? 가식적인 말은 가능한 하지 말아야 한다. 가식적인 말은 소통의 장애물이다.

쓸데없는 말이나 뻔한 말도 가능한 피하는 게 좋다. 퀴즈를 하나 낸다. 연수원에서 점심 식사 후 교육 담당자가 수강생들에게 가장 많이 하는 말이 무엇일까? "점심 맛있게 드셨나요?"이다. 난 이 말을 들을 때마다 속으로 이렇게 생각한다. "당연히 잘 먹었겠지. 왜 그런 하나마나한 말을 할까?" 그래서 난 반대로 말한다. "점심도 든든히 드셨지요? 지금부터는 좀 민반의 준비를 하세요. 강의가 후지면 바로 주무시면 됩니다. 수강생이 조는 건 누구 잘못일까요?" 수강생이 조는 건 강사의 잘못이니까 조는 것에 대해 부담을 갖지 말라고 하면 한바탕 웃게 되고 난 강의를 하면 된다. 뻔한 이야기는 가능하면 하지 않는 게 좋다.

'무엇을' 보다 '어떻게' 말하는지가 중요하다. 청중이 피곤하고 지루해하는 건 발표자가 무엇을 말하는지가 아니라 어떻게 말하는지에 따라 좌우된다. 쓸데없는 소리, 하나마나한 말, 예측이 가능한 이야기는 가능한 한 피하고, 하고 싶은 말을 최대한 압축하고 비틀어 전달할 수 있어야 하는데 이건 꽤 많은 노력이 필요하다.

30 메시지에 흥미로운 스토리(Story)를 입혀라

같은 이야기도 어떻게 하느냐에 따라 전달이 달라진다. 뉴스 방식으로 알리는 것과 스토리 형식으로 풀어 주는 방법이 있다. 남녀 간 사랑도 뉴스에서 말하면 불륜이 되지만 같은 불륜도 드라마로 만들면 사람들을 감동시킬 수 있다. 그렇기 때문에 가능하면 내가 하고 싶은 메시지에 스토리를 입히는 것이 유리하다.

사람들은 스토리가 있는 기업에 더 관심을 가진다

오래 전 유학 시절 〈마음 도둑(Thief of Hearts)〉이란 영화를 본 적이 있다. 내용은 단순하다. 청년이 미모의 여성을 유혹하기 위해 그 집에 침입해 일기장을 훔친다. 내용을 보면서 그녀가 어떤 사람이고 어떤 취향을 갖고 있는지 파악한다. 알아낸 사실 중 하나는 그녀가 하겐다즈 커피 아이스크림을 좋아한다는 것이고 이것을 빌미로 그녀를 유혹하는데 성공한다는 것이다. 별 내용은 없지만 이 영화를 본 후 나 역시 하겐다즈 커피 아이스크림을 좋아하기 시작했다. 영화 이야기 덕분에 이 상표는 내 머리 속에 깊이 각인이 됐다.

담배를 피우던 시절 지포라이터를 열심히 사용했다. 계기는 이 라이터에 얽힌 스토리 때문이다. 이런 식이다. "Ⅱ차대전 때 일이다. 비행기가 격추되고 낙하산을 타고 탈출하던 조종사가 지포라이터를 갈대숲에 흘렸다. 오랜 세월이 지난 후 이곳을 지나던 행인이 이 라이터를 주웠다. 혹시나 해서 작동을 해 보니 불이 켜지더라." 세상이 이런 거짓말이 어디 있는가? 하지만 이상하게 이 이야기는 잊히지 않았다. 지포라이터를 볼 때마다 이 생각이 났다. 이게 스토리의 힘이다.

개인도 그렇다. 〈조선일보〉에 칼럼을 쓰는 조용헌 선생은 최고의 이야기꾼이다. 이분 이야기를 듣고 있으면 시간 가는 줄 모른다. 고전 독서 모임을 운영하는 모네상스의 강신장 사장도 그렇다. 이런 사람들과 같이 있는 것은 큰 기쁨이다. 그만큼 사람들은 스토리를 좋아한다. 나 역시 그렇다. 스토리가 많고 스토리를 재미있게 풀어놓는 사람과는 시간 가는 줄 모르고 대화를 나누게 된다. 기업도 그렇다. 무미건조한 기업보다는 이야깃거리가 많은 기업에는 관심이 간다. 그래서 많은 기업들이 스토리를 만들어 낸다. 만들어 낼 수 있어야 한다. 이런 의미에서 미래에는 스토리텔러가 되기 위해 노력해야 한다.

성공을 위해 멋진 스토리를 만들어 전달하고 싶다면

나 역시 스토리텔러다. 스토리를 팔아서 생계를 유지한다. 책을 통해, 강연을 통해, 자문을 통해 이야기를 판다. 이야기를 통해 고객이 스스로 깨달을 수 있도록 도와주는 것이 내 직업이다. 사람들은 논리에 의해 설득당하지 않는다. 아니 논리는 기억하기도 힘들고 재미도 없다. 개인과 조직의 성공을 위해서는 멋진 스토리를 만들고 이 스토리를 재미있게 전달할 수 있어야 한다.

어떻게 해야 할까? 첫째, <u>풍부한 소재를 찾아야 한다. 이야깃거리가 필요하다. 이를 위해서는 다양한 경험과 지식이 필요하다. 다양한 분야의 책을 읽는 것은 필수적이다.</u> 영화를 보는 것도 방법이다. 다른 사람의 이야기를 귀담아듣는 것도 필요하다. 소설가들은 최고의 스토리텔러다. 박완서 씨는 어린 시절 이야기꾼인 어머니로부터 수많은 이야기를 들은 것이 자양분이 되었다. 신경숙 씨는 젊은 시절 고생한 것이 오늘날의 그를 만들었다. 이야기는 그냥 생기지 않는다. 산전수전 고생을 많이 해 봐야 이야기가 만들어진다. 이런 의미에서 나쁜 일도 잘 소화만 하면 훌륭한 이야깃거리가 된다. 예전에 물을 오염시켜 사회에 물의를 빚은 회사가 있었다. 요즘 이 회사는 물 사업으로 재미를 보고 있는데 핵심이 바로 옛날에 '사고 친' 경험이다.

둘째, 일정한 시간을 두고 숙성시켜야 하다. <u>경험을 한다고 바로 그것이 이야기가 되는 것은 아니다. 이런 경험과 지식들은 숙성 기간이 필요하다.</u> 그래야 나만의 이야기로 진화 발전할 수 있다. 그러다 보면 어느 순간 이런 이야기를 하고 싶은 욕구를 느낀다. 어떤 형태로든 풀어내고 싶은 욕구를 느낀다. 소설가 박완

한때 지포라이터를 열심히
사용했다. 이는 지포라이터에
얽힌 스토리를 잊지 못해서였다.
격추당한 항공기 조종사가
갈대숲에 흘렸던 이 라이터가
오랜 세월 후에도 불이 켜졌다는
스토리 말이다.

서 씨가 전형적인 사례다. 평범한 삶을 살던 박완서는 한국전쟁을 통해 엄청난 충격을 받는다. 사랑하는 오빠를 잃고 가족 전체가 온갖 험한 꼴을 당한다. PX에서 일을 하면서 소녀 가장 노릇도 하고 그 과정에서 박수근 화백을 만난다. 그녀는 그를 별 볼일 없는 화가로 생각했다. 그러다 박수근 화백 전시회를 통해 계기를 마련한다. 그래서 나이 마흔에 소설가로 등단한다.

셋째, <u>자신의 경험을 남의 일처럼 객관화시켜 말해 보는 훈련이 필요하다.</u> MBA 과정에서는 케이스스터디를 제일 많이 한다. 회사의 현 상황을 그린다. 경영자는 이 위기를 어떻게 할지 고민한다. 뭔가 결단을 내린다. 학생들에게 어떻게 될 것 같은지 질문한다. 핵심이 바로 스토리텔링이다. 스토리텔러가 되기 위해서는 우리 자신이 이런 훈련을 할 필요가 있다. 수많은 사건과 갈등을 남의 일처럼 객관화시켜 보는 것이다. MBA 과정에 케이스스터디로 쓴다면 어떤 결정을 할지 생각해 보아야 한다. 그렇게 되면 의외의 해결책을 찾을 수 있다.

진정한 스토리텔러는 설득력 있게 말한다

뉴욕타임스(The New York Times Company)는 1970년대에 경영 위기를 겪었다. 독자는 줄고 비용은 높아지면서 적자가 된 것이다. 경영진은 구조 조정을 실시해 비용을 절감할 것인지, 아니면 새롭고 질 높은 기사로 독자층을 넓힐지 갈림길에 선다. 이때 편집국장 아베 로젠탈(Abe Rosenthal)은 모든 직원을 모아 놓고 유명한 수프 연설을 한다. "우리는 지금 수프를 만들고 있습니다. 우리에겐 두 가지 길이 있습니다. 지금 만들고 있는 수프에 물을 더 넣어 기사 품질을 떨어뜨릴 것인지, 아니면 토마토를 더 넣어 지면을 개선할 것인지? 저는 토마토를 더 넣는 편을 선택하겠습니다." 얼마나 호소력이 있는 연설인가? 이것이 바로 스토리의 힘이다. 비유의 힘이다.

"사람들이 논리적으로 생각할 때는 이성을 지배하는 좌뇌가 작동하지만, 최종 의사 결정을 할 때에는 감성을 지배하는 우뇌가 작동을 한다. 진정한 스토리텔러란 자신이 전하고자 하는 메시지를 알기 쉽고 설득력 있게 말하는 사람이다." 하버드대학 심리학 교수 하워드 가드너(Howard Gardner)의 말이다.

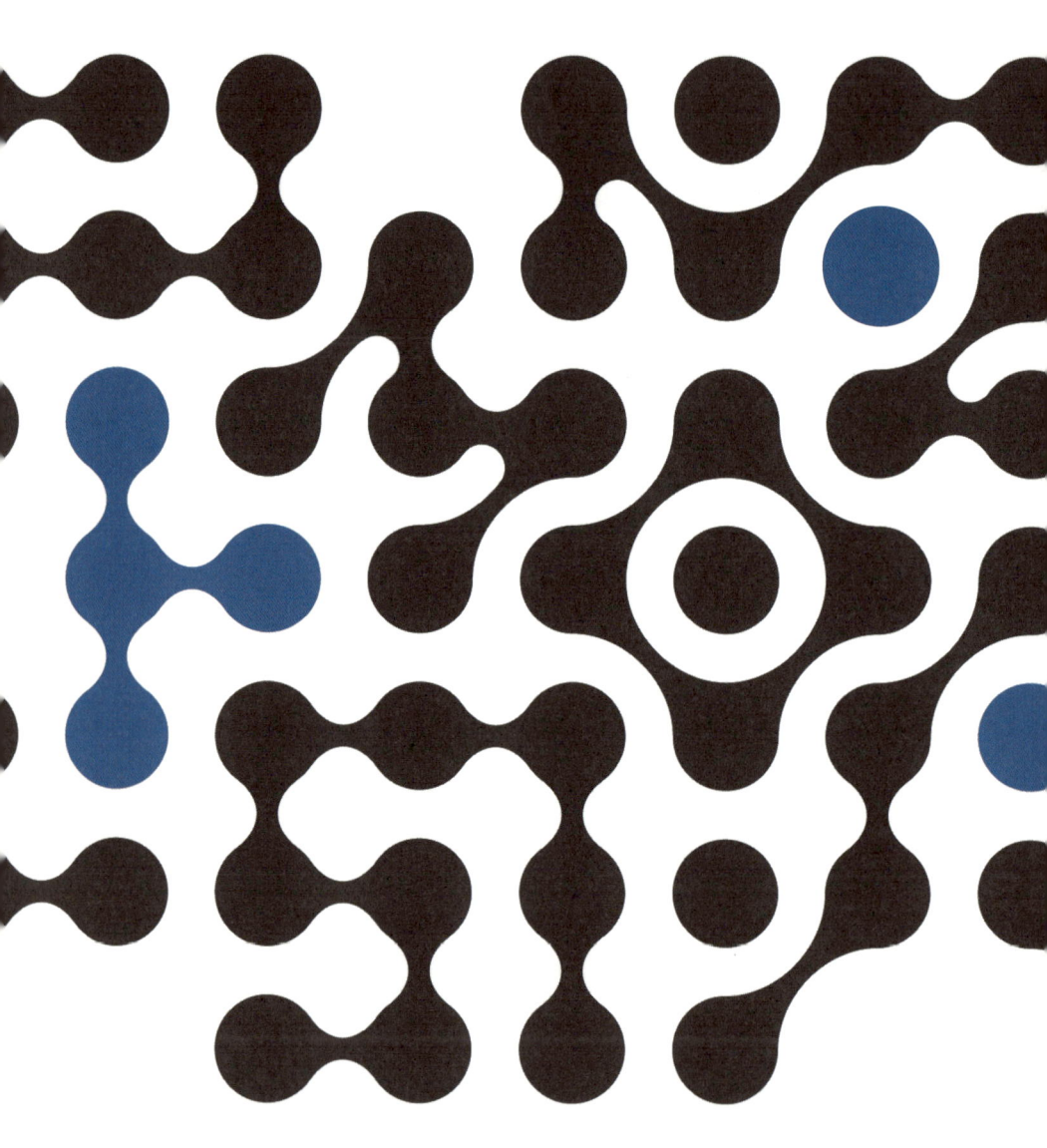

| 소 통 강 의 3

어떻게
소통할
것인가?

왜 다들 "소통! 소통!" 하는데
정작 소통은 이루어지지 않는가?
직원들은 무슨 말을 해도 안전한가?
사무실 공간이 권위적이지는 않은가?

31 솔직해야 한다, 솔직함이 힘이다

 ●

    2000년 8월, 시카고 윌로우크릭(Willow Creek) 교회의 리더십 컨퍼런스에 빌 클린턴(Bill Clinton)이 초청되었다. 여러 스캔들로 시끄러울 때였다. 찬반양론이 많았지만 빌 하이벨스(Bill Hybels) 목사는 초청을 강행했다.

    초췌한 모습의 클린턴은 이렇게 말했다. "막스 베버(Max Weber)는 정치에 뛰어드는 모든 사람은 자기 영혼을 잃어버릴 각오를 해야 한다고 말했습니다. 정말 그렇습니다. 권력은 정말 내적 세계를 황폐하게 만든다는 것을 알았습니다." 그러면서 자신이 씻을 수 없는 도덕적 실수를 저질렀고, 그로 인해 부서진 자기 삶과 가족의 삶을 힘겹게 조금씩 재건해 가는 중이라고 솔직히 말했다. 그리고 자신을 초청한 빌 하이벨스 목사가 미국 교회 지도자들로부터 많은 비난을 받게 되어 가슴 아프다고 말했다. 그러나 자신은 정말 외로웠고 누군가 말할 사람이 필요했다고 고백했다. "정치가에게는 정말 목사가 필요합니다. 저만 봐도 그것을 알 수 있지 않습니까? 병자에게 의사가 필요한 것처럼 저 같은 사람에게 교회가 더 필요합니다."

이날 참석한 4천 명이 넘는 사람들은 이상한 감동에 사로잡혀 퇴장하는 클린턴에게 기립박수를 쳐 주었다. 무엇이 이들을 감동시켰을까? 바로 솔직함이다. 진정성이다.

예전 직장에서 같은 직급의 상사 세 명을 동시에 모신 일이 있었다. 이들은 사이가 좋지 않아 같이 만나지도 않았고 만나도 솔직한 이야기를 하지 않았다. 겉으로는 미소를 지었지만 속은 전혀 그렇지 않았다. 이들은 상대 앞에서는 절대 부딪치지 않았다. 생각이 다르더라도 멋지게 포장했다. 늘 이렇게 말했다. "그 말에 일리가 있습니다. 한번 검토해 보겠습니다. 지당하신 말씀입니다." 하지만 나와 둘이 있으면 태도가 돌변했다. "저 사람 제 정신이야? 일을 그렇게 하면 어떻게 해? 한 이사가 그분에게 안 된다고 하세요." 또 다른 상사를 만나도 비슷했다. "참 기막힌 일이네. 나는 저 사람과 생각이 달라요. 이 일은 이렇게 해야 합니다." 중간에 낀 나는 참으로 난처했다. 나는 완전히 똥개 훈련을 받는 격이었다. 자기들이 만나 솔직하게 이야기하면 쉽게 풀릴 일을 왜 가만히 있는 것일까? 같이 있을 때는 아무 말이 없다가 왜 혼자 있을 때 열을 내는 것일까?

솔직하지 않을수록 '나는 솔직하다'고 말한다

솔직하지 않은 사람일수록 자신이 솔직하다는 말을 많이 한다. 아예 '솔직히 말해서'를 입에 달고 사는 사람도 있다. 말이 긴 사람도 의심이 간다. 자기 행동을 포장하는 말을 많이 하는 사람도 마찬가지다. 내가 얼마나 당신을 위하는지, 당신과 평생을 가고 싶은지 알아주었으면 좋겠다는 사람에게는 진정성이 느껴지지 않는다. "말은 자기 속마음을 표현하기 위해 있다고는 하나 내가 경험한 여러 사람은 자기 속마음을 감추기 위해 말을 한다." 박근혜 씨의 말이다. 그분도 그 사실을 깨달았던 것 같다. 교언영색(巧言令色)이란 말도 비슷하다. 남의 환심을 사려고 말을 달콤하게 하는 사람을 조심하라는 것이다. 진실은 말로 전달되지 않는다. 눈빛과 행동을 통해 느낄 뿐이다. 사람은 자기 속마음을 숨길 수 없다. 언젠가는 들통이 난다.

내가 좋아하고 그도 나를 좋게 생각하는 줄 알았던 상사가 남들 앞에서 나를 욕하고 다녔다는 사실을 알게 되면 사람들은 더 분노한다. 배신감이 두 배가 된다. 이렇게 되면 두 사람은 늘 두꺼운 가면을 쓰고 행동하게 된다. 이런 사실을 모르는 상사는 예전처럼 부하에게 입에 발린 소리를 할 것이고, 부하는 상사의 속을 꿰뚫어 보면서 속으로 이렇게 생각한다. "아무리 그래도 나는 더 이상 당신을 신뢰하지 않거든. 제발 맘에도 없는 말 좀 그만 하시지." 비극이다. 불편하다. 이건 처세도 아니다. 차라리 드러내고 잘못한 점에 대해서는 피드백하는 것이 정직하고 건강한 관계를 만들 수 있다. 솔직해야 한다. 솔직함이 힘이다.

32 권력 거리(Power Distance)를 좁혀라

어린 시절 어른들에게 이것저것 질문을 하면 자주 혼이 났다. 어른들 이야기를 왜 알려고 하느냐는 거였다. "왜 그건 그렇게 하느냐, 왜 이렇게 하면 안 되느냐?" 이렇게 의견을 제시하면 핀잔이 돌아왔다. "시끄럽게 굴지 말고 가서 네 할 일이나 하라"고 했다. 어른이 되면 달라질 줄 알았다. 어른끼리는 자유롭게 질문도 하고 의견도 말할 수 있을 줄 알았다.

'그분 만나기'가 하늘의 별 따기만큼이나 어렵다면

회사에 들어가니 난 다시 시끄러운 사람이 되었다. 대부분의 상사는 직원들이 질문하는 것도, 다른 의견을 제시하는 것도 싫어했다. 어릴 적 나를 혼내던 어른들과 크게 다르지 않았다.

상사들이 하는 일에는 일체 관여할 수 없었다. 심지어는 내가 하는 일인데 이들의 허락이 필요할 때도 있었다. 지금까지의 방법이 비효율적인 것 같아 바꿔 보려고 해도 윗분의 검토와 승인이 필요했다. 문제는 그분을 만나기가 하늘의 별 따기만큼 어려웠다는 것이다. 늘 중간 단계를 거쳐야 했고 결재 서류의 사인으로 의사소통을 대신했다. 그나마 이건 다행이다. 가끔은 중간 단계에서 퇴짜를 맞을 때도 있었다. 이유는 위에서 이런 건 싫어한다는 거였다. 이럴 때마다 궁금했다. 도대체 '위'에 있는 그분은 어떤 분인지, 어떤 생각을 갖고 있는지, 어떤 분이길래 이렇게 직접 대면하기가 어려운지, 뭘 그렇게 싫어하는 게 많은지, 나란 존재를 알고는 있는지, 난 할 말이 많은데 그쪽은 어떤지….

　그분은 신과 같았다. 얼굴은 물론 목소리도 듣기 어려웠다. 굳게 닫힌 유리문 틈으로 들릴 듯 말 듯 중간중간 끊겨서 들려오는 목소리가 전부였다. 그의 목소리를 또렷이 들을 수 있는 때는 그가 크게 화를 낼 때나 회식할 때뿐이었다. 회식 때는 직원들도 모처럼 직접 말을 걸어 볼 수 있었다. 가벼운 아부로 시작해서 분위기가 어느 정도 괜찮아졌다 싶으면 업무 이야기를 살짝 꺼냈다. "그 건은 이렇게 처리하면 하는데 어떻게 생각하시는지요…?" 중대한 일이 아니고는 대부분 흔쾌히 허락했다. 매일 회식을 할 수도 없고 내 의견 하나 직접 전달하기가 이렇게 힘든 일인가 싶었다. 이런 조직에서 생산성을 기대하기는 어려웠다. 모두 그분의 하명만을 기다리는 노예 같다는 생각이 들었다. 나란 존재가 이 조직에 필요하긴 한지 회의가 들었다.

　조직 문화를 나타내는 지표 중 하나로 '권력 거리(Power Distance)'라는 것이 있다. 네덜란드 사회심리학자 게르트 호프스테드(Geert Hofstede)가 소개한 개념으로 부하와 상사 간의 말콤 글래드웰(Malcolm Gladwell)은 세계적인 베스트셀러 작가이자 경영사상가이다. 그는 〈아웃라이어〉에서 1997년 발생한 우리나라 항공기 추락 사고를 언급했는데, 사고 원인 중 하나로 지나치게 큰 권력 간 거리를 꼽고 있다.

감정적 거리를 의미한다. 쉬운 말로 하급자가 상급자를 얼마나 어려워하는지를 측정한 것이다. 권력 거리가 짧은 곳에서는 서로 의논하고 참여하는 민주적 의사 결정 방식이 가능하다. 하급자는 편안하게 권력자의 의견을 비판하거나 반대할 수도 있다. 반대로 권력 거리가 큰 우리나라 문화는 모든 권력이 권력자에게 집중되어 있다. 위에서 모두 결정하고 지시한다. 당연히 하급자는 시키는 일이나 해야 한다. 수동적일 수밖에 없다.

세계적인 경영사상가 말콤 글래드웰(Malcolm Gladwell)은 〈아웃라이어〉에서 1997년 괌에서 발생한 우리나라 항공기 추락 사고를 언급했는데, 사고 원인 중 하나로 지나치게 큰 권력 간 거리를 꼽고 있다. 한국은 권력 거리가 큰 나라이고 항공 사고도 그와 비례해서 발생한다는 것이다. 추락 사고가 기장과 부기장 사이의 권력 거리가 멀어서 생긴 사고라는 것이다. 즉, 부기장이 기장의 권위에 눌려 제대로 의사 표현을 못 했다는 것이다. 그의 말을 옮겨본다. "대한항공 조종사들은 자신이 하는 일에서 성공하기 위해 자기 고유의 정체성을 어느 정도 포기해야 했다. 한국 문화에 뿌리내린 권위에 대한 존중은 비행기 조종석의 현실과 전혀 부합하지 않기 때문이다."

직원이 거리낌 없이 말을 건넬 수 있어야

1997년의 일이지만 지금은 얼마나 변해 있을까? 그때보다는 나아졌을까? 변하지 않았다는 것이 내 판단이다. 여전히 직원이 팀장이나 상사에게 직언하기는 쉽지 않다. 한다 해도 한참을 에 둘러 말한다. 알아듣긴 했을까 싶다. 나중에 문제가 심각해진 후 비로소 상사는 왜 그런 말을 미리 안 했느냐고 추궁한다. 직원 입장에서는 답답한 노릇이다. 분명 말을 했는데….

소통이 별거인가? 서로 거리낌 없이 이야기를 주고받는 것, 서로의 의견이나 느낌이나 감정을 주고받는 것, 이것이 소통이다. 직원들은 상사에게 자기 생각을 말하고 상사 의견에 반대도 할 수 있어야 한다. 심각한 문제에 대해서도 주저 없이 정확하게 전달할 수 있어야 한다. 현장을 제일 잘 아는 것도 직원이고 문제를 제일 먼저 접하는 것도 직원이기 때문이다. 이것이 가능하려면 권력 거리가 짧아야 한다.

키는 상사가 쥐고 있다. 상사가 지위나 권력을 내세우는 대신 부하들이 무슨 말이든 편하고 안전하게 할 수 있게 분위기를 만들어야 한다. 이는 부하가 할 수 있는 영역이 아니다. 권력 거리를 좁히는 건 권력 있는 쪽의 노력을 필요로 한다. 왜 말을 안 했냐고 할 것이 아니라 편하게 말할 수 있는 분위기를 만들어 줘야 한다. 작은 의견이라도 존중하고 경청해 준다는 느낌을 받을 때, 어떤 말을 해도 불이익이 없다고 느낄 때 직원들은 입을 열 수 있다.

33 리더는 늘 소통의 중요성을 강조하지만

사춘기 자녀와의 소통 문제를 고민하는 사람들이 제법 많다. 뚜렷한 이유 없이 어느 날 갑자기 자기 방에 들어가 문을 잠그고 대화를 안 한다는 것이다. 질문에는 단답형으로 답하고 아무 말도 하지 않는다는 것이다. 기업도 그렇다. 자기들끼리는 그렇게 이야기를 잘하다가도 사장만 들어가면 입을 굳게 다무니 환장할 지경이라는 것이다. 너무 흔하게 보는 풍경이다. 그렇다면 이 문제를 어떻게 해결해야 할까?

일방적인 소통 문제를 해결하기 위한 방법

가장 먼저 본인의 소통 능력을 점검해야 한다. 모든 집안 아이들이 부모와 담을 쌓는 것은 아니다. 모든 사장들이 직원과 대화를 못 하는 것도 아니다. 소통이 안 되는 데는 다 이유가 있는 법이다. 뭔가 빌미를 제공했기 때문에 이렇게 된 것이다. <u>늘 소통의 중요성을 강조하는 리더들이 있는데 이들의 특징이 무엇일까? 이유는 본인이 제일 잘 안다.</u> 본인의 소통에 문제가 있는 사람이다. 본인이 불통이기 때문에 자꾸 '소통! 소통!' 하는 것이다.

사실 소통은 범위가 넓다. 말하기, 듣기, 분위기 파악하기, 질문하기 등에 대해 수시로 직원이나 배우자나 친구 등을 통해 있는 그대로의 소통 능력을 점검해야 한다. 특히 잘 듣는지 여부를 확인해야 한다. 소통 문제는 대부분 상사가 직원의 말을 잘 듣지 않는 데서 시작된다. 말을 잘하는 데는 시간이 걸리지만 경청 능력은 인지만 하면 고칠 수 있다.

둘째, 소통의 분위기를 만들어야 한다. 커뮤니케이션에서 말이 차지하는 비중은 10%가 되지 않는다. 그보다는 표정, 제스처, 태도 등이 훨씬 높은 비중을 차지한다. <u>원활한 소통이 이루어지기 위해서는 소통이 잘되는 우호적이고 부드러운 분위기를 만들 수 있어야 한다.</u> 밝은 표정으로 굳은 사람들의 마음 문을 열 수 있어야 한다. 잔뜩 찌푸린 얼굴은 그 자체로 사람들을 얼어붙게 만든다. 이런 분위기를 만들 때의 핵심은 처음이다. 회의 초반 사람들 마음 문을 열 수 있어야 한다. 나는, 최근 행복했던 사건이나 재미있었던 일을 한두 사람에게 질문하고 그 이야기를 듣는다. 처음부터 심각한 주제를 꺼내는 것보다는 이게 효과적이다.

셋째, <u>가장 중요한 건 안전이다. 안전해야 한다.</u> 사람들이 말을 하지 않는 건 안전하지 않기 때문이다. 함부로 말했다가 쓴맛을 본 경험 때문이다. 다음 사례를 한번 보자.

신선 제품 배송 기업에서 물류 품질을 책임지는 회의 장면이다. 팀장이 이야기를 꺼낸다. "올해 신선 제품 주문이 늘어나면서 폐기율도 증가하는 문제가 생겼는데 좋은 해결 방법이 없을까요?" 팀원들은 묵묵부답이다. 팀장이 부담 갖지 말라고 말하자 박 대리가 입을 연다. "냉장 시설을 업그레이드해서 신선 제품의 보관 기간을 늘리면 어떨까요? 그러면 폐기율도 낮아지니까요?" 이후 다음과 같은 말이 오간다. "(팀장) 냉장 시설? 어디요?" "(박대리) 물류 창고일 수도 있고요. 냉동 탑차일 수도 있고…." "(팀장) 우리 회사의 물류 창고에 냉장 시설이 없나요?" "(박대리) 글쎄요. 저도 정확히는 모르지만 아마 몇 군데 제외하고는 대부분 없을 겁니다." "(팀장) 기존 창고에 냉장 시설을 설치하려면 얼마나 들까요?" "(박대리) 저도 정확한 금액까지는 아직…." "(팀장) 비용이 어마어마할 텐데 과연 투자한 만큼의 가치가 있을까요? 비용 대비 효과를 생각해야지 아무렇게나 말하면 안 됩니다. 게다가 냉동 탑차는 갑자기 왜 나온 거죠?" "(박대리) …. …."

여러분은 이 대화를 듣고 어떤 생각이 들었나? 지금도 이처럼 행동하지는 않나? 당신 조직은 안전한가? 무슨 말이든 할 수 있는가?

넷째, 효과적인 이메일 사용도 중요하다. 우리는 너무 많은 시간을 이메일에 쓰기 때문이다. 이와 관련해 구글의 원칙이 도움이 된다. "신속하게 답신을 보내라. 짧아도 상관없다. 쓸데없는 인사는 빼고 발송 목적을 분명히 하라. 지속적으로 편지함을 비워라. Last In First Out이다. 나중에 들어간 데이터를 먼저 처리하라. 여러분이 라우터(Router ; 네트워크 연결 장치)란 걸 기억하고 이 정보가 누구에게 필요할지 생각하라. 숨은 참조를 활용할 때는 이유를 생각하라. 요란하게 불만을 표시하지 마라. 그건 직접 하라. 훗날 검색에 대비하라." 나는 이메일은 하루 한 번만 열고 바로바로 처리한다. 다시는 볼 시간이 없다는 걸 알기 때문이다. 포워딩할 것은 포워딩하고, 지울 건 지우고, 다음에 봐야 할 건 따로 보관을 한다.

다섯째, <u>생산적 피드백이 중요하다.</u> 사실 소통에서 가장 중요한 건 피드백이다. 피드백이란 "잘하는 건 잘했다고 하고, 해야 할 것은 하라고 하고, 하지 말아야 할 건 하지 말라고 하는 것"이다. 피드백이 빠르고 원활해야 업무의 생산성이 올라간다. 직원 입장에서도 자신의 일에 대해 상사가 뭔가 언급을 해야 방향 수정을 할 수 있고 성장할 수 있다.

커뮤니케이션은 쌍방향이어야 한다. 일방적인 지시와 훈계, 상급자가 혼자 북 치고 장구 치는 원맨쇼는 소통이 아니다. 이런 일방적인 의사 전달 체계를 갖고는 좋은 아이디어가 나올 수 없다. 지금 시대는 고객 접점에 있는 직원들이 정보를 더 많이 갖고 있다. 이들의 지혜를 모아 조직의 성과를 내기 위해서는 쌍방향 커뮤니케이션은 필수다. 이를 위해 지시보다는 질문을, 자기주장보다는 경청을 해야 한다. 사전에 배포할 수 있는 정보는 미리 배포해 읽게 하고, 미팅에서는 이슈가 될 부분을 활발하게 토론하는 것이 중요하다. 리더십은 소통이다. 소통이 제대로 이루어지게 하는 것이 리더의 가장 중요한 역할이다.

34 커뮤니케이션을 비용으로 인식해야 한다

커뮤니케이션 문제 해결에 필요한 것들

첫째, 커뮤니케이션은 비용이란 인식을 분명히 해야 한다. 이를 위해서는 커뮤니케이션을 돈으로 환산해 볼 필요가 있다. 회의 비용이 대표적이다. 임원 10명이 참석해 2시간 동안 임원 회의를 한다고 하면 이를 비용으로 환산하는 것이다. 각자 연봉이 얼마, 시간 당 비용이 얼마, 총합계 얼마 하는 식으로 계산한다. 참여 인원이 많을수록, 참여한 사람의 연봉이 높을수록 비용은 올라간다. 만일 전 직원 500명을 불러놓고 조회를 한다면 이 또한 비용으로 바꿀 수 있다. 전 직원을 불러놓고 엉뚱한 이야기를 하고 있다면, 사람들 간에 갈등이나 증폭시키는 행위를 하고 있다면, 이는 비싼 돈을 허공에 뿌리는 것과 같다.

둘째, 개인의 문제를 살펴보아야 한다. 소통을 못 하거나 꺼리는 인물이 있다. 이건 개인적인 문제다. 경청하지 않거나, 횡설

수설하거나, 요점이 없거나, 혼자 말을 독점하거나, 엉뚱한 소리를 하거나, 핵심을 파악하지 못하거나…. 여러 이유가 있을 수 있다. 이런 사람이 있으면 소통의 맥이 끊긴다. 정말 가야 할 정보 대신 엉뚱한 정보가 돌 수도 있고, 그 사람에게서 정보가 차단될 수도 있다. 해야 할 일 대신 하지 말아야 할 일을 하면서 조직이 이상한 방향으로 갈 수도 있다. 업무 공백이 생기면서 생산성에 영향을 준다. 당연히 대가를 치르게 된다. 만일 높은 사람의 커뮤니케이션에 문제가 있다면 치명적이다. 사장의 커뮤니케이션에 문제가 있다면 이 회사의 미래는 뻔하다. 대통령의 말실수 한 마디로 인한 비용은 계산이 불가하다.

셋째, 조직상 문제를 확인해 보아야 한다. 많은 경우 커뮤니케이션의 혼선은 복잡한 조직 때문에 발생한다. 직급 체계가 너무 복잡하거나 보고 체계가 옥상옥인 경우가 그렇다. 난 직급 체계가 무려 9단계나 되는 조직을 본 적도 있다. 9단계를 거치면서 처음 아이디어가 살아남을 수 있을까? 처음 의도와 나중 결과가 같을 수 있을까? 누가 일을 하고, 누가 책임을 지는지 알 수 있을까? 이런 조직이 제대로 일을 할 수 있을까? 제대로 일이 된다면 이게 더 이상할 것이다. 업무가 너무 잘게 나누어져 있어도 문제다. 업무 협조를 위한 회의를 하느라 일을 할 수 없을 것이다. 보고 계통은 가능한 짧게 하고, 책임과 권한은 명확한 조직을 만들어야 한다. 한눈에 보아도 누가 일을 하는지, 누가 결정하고, 누가 책임을 지는지를 알 수 있어야 한다.

넷째, 상황과 사람과 시간에 맞는 도구를 사용해야 한다. 커뮤니케이션 채널은 여러 가지로 나눌 수 있다. 얼굴을 보면서 전달할 것이냐(Face to Face), 아니면 보지 않고 전달할 것이냐?

이메일도 있고, 전화나 음성 메시지도 있다. 반드시 얼굴을 보고 전달해야만 하는 어젠다가 있다. 개인에 대한 평가나 피드백, 위로나 충고, 코칭 같은 것은 직접 얼굴을 보면서 이야기하는 것이 낫다. 중요한 지시 같은 경우도 얼굴을 보는 것이 좋다. 편한 시간을 물어보는 것, 필요한 정보 제공 등은 이메일이 좋다. 어떤 어젠다에 대해 생각할 시간을 주는 것도 이메일이 편하다. 먼저 생각한 후 미팅을 하면 효과적으로 진행할 수 있기 때문이다. 문자 메시지가 편한 경우도 있다. 회의 중에 누가 왔다는 사실, 강의 확인 등이 그렇다.

다섯째, <u>소통하려는 마인드가 있어야 한다.</u> 가정에서 부부가 싸움을 하면 이 집안은 침묵이 흐른다. 서로 말을 하려 하지 않기 때문이다. 회사의 부서장 사이가 좋지 않다면 두 부서 사이에는 업무 공백이 생긴다. 반드시 해야 할 이야기를 하지 않고, 전달해야 할 정보를 전달하지 않음으로써 비용이 발생한다. 이런 일이 정부 부처 간에 발생한다면 그 손실은 측정하기조차 힘들 것이다.

여섯째, <u>커뮤니케이션 전문가 혹은 담당 조직이 필요하다.</u> 조직은 필요성에 의해 만들어진다. 재무나 회계 부서가 없는 조직은 없다. 영업 조직이 없는 경우도 없다. 조직의 생존에 반드시 필요하다고 생각하기 때문이다. 반면, 대부분 기업은 별도의 커뮤니케이션 조직이 없다. 있어도 그만, 없어도 그만이라고 생각하기 때문이다. 자문이나 컨설팅도 받지 않는다. 상품 전략이나 물류에 대한 자문을 받지만 커뮤니케이션에 대해서는 문제점만 제기할 뿐 별다른 조치를 취하지 않는다. 커뮤니케이션도 별도의 중요한 부분이란 사실을 인식해야 한다. 별도의 조직을 신설하든지 주기적으로 외부 전문가의 도움을 받아 현 상태를 진단하고 처방해야 한다. 그래서 비용을 줄여야 한다.

커뮤니케이션을 잘하는 개인과 조직은 살아남는다. 소통하지 못하는 조직은 왕따를 당하고 경쟁력이 떨어진다. 어떻게 커뮤니케이션의 생산성을 올릴 것인가는 미래를 좌우하는 중요한 경쟁력이다.

35 개인에 대한 관심이 필요한 이유

●

대기업 임원일 때의 경험이다. 부서장이 되긴 했는데 공식 발령이 나지 않아 2주 정도 어영부영 지낸 적이 있다. 공식적인 부서장이 아니라 본격적으로 일하기는 어려웠다. 하지만 월급 받는 사람이 그냥 놀기는 어색했다.

그래서 직원들이나 만나 보자는 생각으로 하루에 10명씩 면담을 실시했다. 별 생각 없이 한 명씩 불러 차를 대접하면서 의례적인 질문을 던지는 형태로 진행했다. 고향은 어딘지, 결혼은 했는지, 배우자는 무얼 하는 사람인지, 아이들은 몇 살이고 무얼 하는지, 부모님은 살아 계신지, 회사 생활하면서 어려운 점은 없는지 등과 같은 뻔한 질문이었다. 하지만 이 과정에서 몇 가지 깨달음이 있었다. 한 번은 모 과장과 면담을 하다가 배우자 관련 이야기를 했는데 이 과장의 얼굴이 갑자기 어두워지는 것이다. 그는 잠시 머뭇거리더니 이런 말을 했다. "사실 집사람과 사이가 좋지 않아 몇 달째 별거 중입니다. 그래서 다섯 살 난 아들 때문에 조금 힘듭니다. 아침에 애 맡기고 저녁에 찾아오고, 집에 가서 밥 차려 먹이고, 살림하면서 회사 다니려니 보통 일이 아닙니다…." 고생이 참 많겠다고 위로의 말을 던졌는데 마지막에 이런 말을 했다. "사실 집안 사정 때문에 그동안 회사 일에 소홀했습니다. 하지만 앞으로는 잘하겠습니다…."

회사는 개인의 인생사에 별 관심이 없다

"부모님은 뭘 하시냐"고 물었는데 이렇게 대답하는 직원도 있었다. "지난 몇 년간 저희 집은 줄초상이 났습니다. 아버지는 지붕을 고치시다 떨어져 돌아가시고, 어머니는 암으로 돌아가시고, 큰 형은 교통사고로 죽고…. 정말 집안이 몰락을 한 겁니다. 그러다 보니 세상이 미워져서 술도 많이 마시고 생활이 엉망이 됐습니다." 나는 "어떻게 그런 일이 있을 수 있느냐"라는 말로 나름 위로를 건네며 면담을 끝냈는데 이 직원이 이런 말을 했다. "여태껏 회사 생활하면서 업무 외적인 일로 임원 사무실에서 차를 마시면서 제 이야기를 한 것은 처음입니다. 잘 들어주셔서 정말 감사드립니다. 앞으로는 잘하겠습니다…."

별 생각 없이 한 행동이었지만 예상 외로 직원들의 반응은 폭발적이었다. 공식 발령이 있고 얼마 후 직원 만족도 조사에서 우리 부서가 1등을 하자 "사장님이 간 지 얼마 되지도 않았는데 어떻게 그런 일이 있느냐"고 물어왔다. 당황한 나는 이렇게 답변했다. "글쎄요, 저도 이해할 수 없네요. 제가 그들에게 밥 한 번 산 적도 없는데…. 굳이 이유를 따지면 직원들을 불러 개인적인 어려움에 대해 물어보고 열심히 들어준 것 때문이 아닐까 생각합니다…."

　　많은 회사들이 미션과 비전을 제시하며 직원들이 이에 공감하고 따라 줄 것을 요구한다. 당연한 일이다. 하지만 회사는 개인에게 별 관심이 없는 경우가 많다. 내가 직원들을 면담하지 않았다면 무슨 일이 일어났을까? 부인과 별거 중인 사실도 모르고 조금 늦었다고, 혹은 조금 일찍 간다고 야단을 치지 않았을까? 그랬다면 그의 기분은 어땠을까? 집안 어른이 줄초상이 난 사실도 모르고 그 직원에게 업무 성과 부진만을 탓하지 않았을까? 그랬다면 과연 그는 어땠을까? 정말 아찔한 일이 아닐 수 없다.

알면 사랑하고, 사랑하면 성과도 나온다

　　인간은 영혼을 가진 존재다. 나름대로 수천 가지의 개인 사정을 갖고 있다. 물론 이를 다 해결해 줄 수는 없다. 다 알 수도 없다. 하지만 이들에게 관심을 갖고 이들의 사정을 어느 정도 알고 있다는 사실만으로도 많은 사람들은 가슴이 따뜻해진다. 일할 맛이 난다. 같은 부서에 있어 매일 얼굴을 보지만 우리는 동료, 상사, 부하에 대해 얼마나 알고 있을까? 알려고 노력은 했을까? 혹시 그들이 내는 성과에만 관심이 있을 뿐 그가 어떤 사람인지에 대해서는 전혀 관심이 없었던 것은 아닐까? 만약 서로에 대해 아무 관심이 없다면 이 세상은 어떻게 될까? 정말 삭막할 것이다.

　　관심은 공동체를 만들어 가는 필수 조건이다. 관심을 가지면 알게 되고, 알면 사랑하게 된다. 사랑하면 이해하고 그런 것이 모여 자연스럽게 성과와도 연결되는 것이다. 우리가 다른 사람에게 관심을 가져야 하는 이유는 그래야 그들도 내게 관심을 갖기 때문이다. 관심을 갖는 것은 최고의 사교 도구이자 최고의 직장을 만드는 최선의 방법이다. 내가 직원들에게 관심을 가질 때 직원들 역시 고객에게 관심을 가진다. 관심은 모든 대인 관계의 출발점이다.

36 사무실 구조가 소통에 미치는 영향

●

그 사람이 사는 곳을 보면 그 사람이 어떤 사람인지 알 수 있다. 그 사람의 차를 타 보면 그 사람에 대한 많은 정보를 알 수 있다. 소통하면 보통 말을 생각한다. 강당에 사람들을 모아 놓고 회장님이 한 마디 하는 걸 소통으로 생각한다. 그렇지 않다. 소통은 이런 식으로 일어나지 않는다.

사무실을 보고 그 회사의 소통을 파악하는 법

소통은 말만큼 환경의 지배를 받는다. 사무실 배치도 중요한 요소다. 수많은 기업을 다니는 나는 사무실 레이아웃에 민감한 편이다. 조명, 창문 크기, 칸막이의 유무 및 높이, 천장 높이, 개인별 책상 크기와 구조 등을 보면 이 조직이 소통이 잘되는지, 안 되는지 대충 짐작이 간다.

우선, 사장이나 임원 사무실이 몇 층이 있는지를 본다. 보통 높은 사람들일수록 전망 좋은 층을 차지한다. 당연히 회장님은 제일 높은 펜트하우스에 있다. 관료적인 회사일수록 회장님 전용 엘리베이터가 있고, 임원 전용 층이 있다. 일반 직원은 접근이 불가능한 경우도 있다. 사무실 자체가 권위를 상징한다. 그들에게 높은 사람들은 높은 층에 사는 사람들이다. 일반 직원이 소통하기도 쉽지 않다. 그렇지 않은 회사도 있다. 높은 사람이 제일 낮은 층, 혹은 입구 쪽에 있는 경우도 있다. 모 공제회가 그렇다. 이 회사는 높은 사람이 아래층에 있다. 그래야 고객들이 찾기 쉽다고 생각하기 때문이다. 철학 자체가 신선하다.

둘째, 독방의 유무를 확인한다. 높은 사람들은 모두 독방에 있다. 아랫사람들은 크고 넓은 공동 사무실을 쓴다. 행동도 자유롭다. 일정도 알아서 짠다. 위로 올라가면 독방에 가두고 비서를 붙인다. 말은 비서인데 하는 일은 감옥의 간수와 다를 바 없다. 일거수일투족을 감시한다. 전화도 간수를 통해 하고, 일정도 간수가 통제한다. 나가고 들어갈 때마다 간수가 확인을 한다. 직급이 올라갈수록 간수의 숫자가 늘어난다. 움직일 때도 혼자 움직이지 못한다. 앞뒤로 줄줄이 사람들을 데리고 다닌다.

셋째, 사무실 크기를 본다. 사무실 크기와 집기를 보면 그 회사가 어떤 회사인지 알 수 있다. 살림이 풍요로우면 거기에 따라 사무실도 커진다. 집기도 화려해진다. 직원들 사무실은 옹색한데 사장님 방만 큰 회사도 있다. 어느 회사는 직원들은 다닥다닥 붙어있어 숨쉬기조차 어렵지만 회장님이 한 층 전체를 다 쓴다. 사무실 따로, 접견실 따로, 비서도 몇 명씩 두고 있다. M&M 초콜렛과 스니커즈, 펫 사료를 만드는 마즈 같은 회사에는 독방이 없

소통은 말만큼 환경의 지배를 받는다. 사무실 환경도 중요한 요소다. 조명, 창문 크기, 칸막이의 유무 및 높이, 천장 높이, 개인별 책상 크기와 구조 등을 보면 그 조직의 소통 분위기를 짐작할 수 있다.

다. 회장이나 신입사원이나 책상 사이즈가 똑같다. 사무실에 뭉치라는 애완견이 돌아다닌다. 아무리 펫 사료를 만들지만 회사 분위기는 대충 상상이 가능하다.

　넷째, <u>사무실의 밝기와 창문의 유무를 살핀다.</u> 어느 사무실은 침침하다. 들어가는 순간 기분이 다운된다. 어느 사무실은 밝고 환하다. 들어가는 순간 기분이 좋아진다. 특히, 강의장은 밝기가 중요하다. 창문이 있어야 한다. 강의장에 창문이 없으면 답답하고 숨이 막힌다. 조명까지 어두우면 강의장으로서는 부적합하다. 한번은 모 극장에서 강의를 한 적이 있는데 힘들었다. 강의를 듣는 모드가 아니고 영화를 보는 모드였기 때문이다. 창문은 있지만 빔 때문에 커튼을 내리고 어둡게 하는 경우도 많다. 한번은 지방 도청에서 강의를 하는데 다 커튼이 쳐져 있었다. 올려달라고 부탁했는데 바깥 경치가 그렇게 좋을 수 없었다. 마침 가을이라 단풍이 정말 아름다웠다. 담당자 말이 강의를 할 때 한 번도 커튼을 올린 적이 없다고 한다.

　다섯째, <u>사람과 사람 사이의 거리를 가늠해 본다. 사람들이 듬성듬성 앉아 있느냐, 아니면 빽빽하게 앉아 있느냐에 따라 소통이 달라진다.</u> 최근 모 재벌 회사에서 소통에 대한 강의를 했는데 회의실을 보니 도저히 소통이 일어날 수 없는 구조였다. 30여 명 정도가 앉을 수 있는 곳인데, 그렇게 길 수가 없다. 의자와 책상은 그렇게 클 수가 없다. 한 사람이 적어도 한 평은 차지하고 있는 것 같았다. 가운데 앉은 회장과 맨 끝에 앉은 임원은 서로 얼굴을 알아보기도 어려울 정도였다. 말소리도 들리지 않아서 마이크를 통해 이야기를 한다. 이런 데서 무슨 소통이 일어나겠는가? 차라리 좁게 앉아서 이야기하는 게 낫지 않을까? 강의장이

좁고 사람들이 촘촘하게 앉을수록 소통은 쉽다. 반대로 서울운동장 같은 곳에 띄엄띄엄 앉아 있으면 소통은 어렵다.

지금의 배치로 원하는 성과를 낼 수 있는가?

소통은 사무실 구조와 긴밀한 관계가 있다. 최근 스마트오피스로 꾸민 회사를 방문했다. 첫눈에 범상치 않았다. 입구 쪽에 예쁘게 꾸민 계단식 강의장이 있다. 좁은 공간을 최대한 활용했다. 고정석이 없었다. 심지어 사장 방도 없었다. 회사에 있기보다는 주로 고객을 방문하라는 취지라고 한다. 웬만한 것은 다 공용이다. 복사기도 수십 대에서 두 대로 줄였다. 매뉴얼, 사무용품도 다 공용이다. 독방이 몇 개 있긴 했다. 회의를 하는 곳이다. 포커스룸이란 곳은 방해 받지 않고 일하기 위한 곳이다. 그곳에 사람이 있을 때는 방해하면 안 된다고 한다.

이 회사 회장에게 가장 좋은 점이 뭔지 물었더니 이런 답변이 돌아왔다. "많은 장점이 있습니다. 공간의 활용이 늘고, 불필요한 물건이 줄어들고, 생산성이 높아집니다. 그런데 최고의 장점은 바로 소통입니다. 예전에는 부서끼리 따로 앉았고 회의 때나 서로 이야기를 나누었습니다. 지금은 다릅니다. 매일 옆 사람이 바뀝니다. 필요하면 그 사람 옆으로 자리를 옮겨 일하면서 자연스럽게 대화를 합니다."

현재 여러분 사무실은 어떤가? 맘에 드는가? 지금의 배치로 원하는 성과를 낼 수 있다고 생각하는가? 맨 위층에 철옹성 같은 성을 쌓아 놓고 소통에 대해 떠들고 있지는 않는가? 벽을 허물어

라. 독방을 빠져나와라. 직원들 사이를 돌아다니면서 수다도 떨고 안부도 물어라. 환경이 사람을 변화시킨다.

37 강의장은 좁으면 좁을수록 좋다

　소통에는 하드웨어뿐 아니라 소프트웨어도 중요한 역할을 한다. 사람들의 스킬만큼이나 환경이 중요하다. 강의를 예로 들어 이야기해 보자.
　우선, 강의장 사이즈가 중요한 변수다. 강의를 많이 하는 나는 강의실 넓이에 민감하다. 강의에는 적정 사이즈가 있다. 좁을수록, 사람들 사이가 밀착될수록 강의 효과가 좋다. 다소 좁은 것이 쓸데없이 넓은 것보다 훨씬 낫다. 대형학원 강의실에서 콩나물처럼 많은 학부모 앞에서 강의를 한 적이 있다. 최고였다. 오랜 시간 강의를 듣기에는 불편했을 것이다. 하지만 강의 효과는 최고였다. 집중도가 높다. 서로가 서로를 잘 볼 수 있다. 좁으니까 청중들도 딴짓을 하지 못한다. 마이크 없이 육성으로도 의사 전달이 가능하다. 자리가 조금 불편하니까 강의를 오래할 수도 없다.
　강의장이 쓸데없이 넓으면 안 좋다. 호텔에서 식사를 하면서 하는 강의가 그렇다. 사람이 적으면 괜찮지만 백 명만 넘어가도 문제가 생긴다. 다들 라운드테이블에 앉아 있기 때문에 사람 숫자에 비해 너무 넓게 퍼져 있다. 뒤에 있는 사람은 얼굴도 보이지 않는다. 카펫이 깔려 있어 목소리는 다 흡수된다.

길쭉한 강의장, 어두침침한 강의장은 최악이다

퍼져도 옆으로 퍼져 있으면 낫다. 긴 강의장은 최악이다. 강의하는 사람과 듣는 사람 사이의 거리가 중요하다. 적어도 서로의 얼굴을 볼 수 있어야 한다. 피치 못하게 넓은 곳에서 할 경우는 중간에서 강의를 하는 것도 방법이다. 패션쇼처럼 관중들 사이에 길게 길을 내서 강사가 왔다 갔다 하는 방법도 있다. 핵심은 어떻게 하면 말하는 사람과 청중 사이의 거리를 좁히느냐다.

둘째, 조명이다. 별로 의식하지 않지만 매우 중요한 요소다. 이왕이면 밝고 경관 좋은 것이 도움이 된다. 골프장 클럽하우스에 있는 강의장이 최고다. 같은 밥을 먹어도 클럽하우스에서는 기분이 다르다. 맛이 더 좋다. 강의도 그렇다. 꽉 막힌 곳에서 듣는 것과 푸른 필드를 보면서 듣는 것은 완전히 다른 일이다. 경치를 보면 마음 문이 열린다. 최악은 어두침침한 극장이다. 극장에서 강의한 적이 있다. 다시는 하고 싶지 않다. 극장은 조명을 밝게 할 수 없다. 한계가 있다.

대한민국 연수원은 다 다녀봤다. 그런데 이해하지 못하는 게 있다. 연수원 대부분은 경관이 좋은 곳에 있지만 연수원 안의 강당에는 대부분 창이 없다는 것이다. 창문이 있는 강의장조차도 커튼이 내려져 있다. 왜 그런지 물어봤더니 주위가 산만하면 강의에 집중할 수 없기 때문이라고 한다. 웃기는 일이다. 그러면 경치 좋은 곳에 왜 연수원을 짓는가? 강의에 집중시키는 것은 강사 역할이다. 경치 보는 것보다도 못한 강의를 한다면 그 사람은 강사 자격이 없다. 난 강의 전 언제나 커튼을 올려 경치를 보게 한다. 그리고 이렇게 말한다. "제가 커튼을 올린 이유를 아시나요? 옵션을 드리기 위해섭니다. 강의가 강의 같지 않으면 창밖이라도 감상하라는 의미입니다." 농담처럼 말하지만 농담만은 아니다.

셋째, 레이아웃이다. 강의를 할 때와 워크숍을 할 때는 배치가 다르다. 강의를 들을 때는 아무것도 없이 강사를 보도록 하는 것이 최선이다. 워크숍을 할 때는 삼삼오오 이야기를 나눌 수 있도록 책상을 배치하는 것이 좋다. 최악은 국무회의 형태의 회의실에서 하는 강의다. 우선, 컴퓨터가 시선을 방해한다. 컴퓨터를 보느라 말하는 사람을 보지 않는다. 사람들의 참여를 방해한다. 빈 공간이 너무 많다. 사람은 몇 안 되지만 둥그렇게 앉아 있기 때문에 마이크를 사용해 커뮤니케이션을 한다. 다음은 빔이다. 다들 빔을 보느라 서로를 보지 않는다. 난 빔을 좋아하지 않는다. 빔이 없을 때 사람들은 어떻게 회의를 했을까? 플라톤은 파워포인트 없이 어떻게 지혜를 전달했을까? 빔은 자동차와 같다. 유익한 도구지만 과도하게 사용하면 흐름을 방해한다.

대한민국 국회가 제대로 작동하지 않는 이유

대한민국 국회가 제대로 작동하지 않는 이유 중 하나는 레이아웃이다. 너무 넓다. 여당과 야당 사이의 물리적 거리가 벌어져 있다. 연설할 때 말하는 사람과 듣는 사람 사이도 너무 떨어져 있다. 의원마다 앞에 있는 컴퓨터도 눈에 거슬린다. 도대체 이런 곳에서 어떻게 커뮤니케이션을 할 수 있겠는가? 대처 수상이 나오는 〈철의 여인〉이란 영화를 보라. 영국 국회 모습이 보인다. 야당과 여당 의원들이 마주 보고 있다. 너무 가까워 거의 닿을 지경이다. 둘 사이가 너무 가까워 불편할 것 같다. 컴퓨터도 없다. 다들 상대의 눈을 보고 이야기한다. 저렇게 가까이 있으면 욕도 못 할 거 같다.

공부방도 작은 게 좋다. 소통을 위해서도 방은 작아야 한다. 한자를 봐도 알 수 있다. 작은 방을 뜻하는 한자는 사(舍)다. 사람 인(人)에 길할 길(吉). 작은 방이 사람에게 좋다는 말이다. 반면, 큰 집을 뜻하는 한자는 집 옥(屋)이다. 죽을 시(尸)에 다할 지(至)다. 마음껏 누리면 죽는다는 말이다.

청와대 레이아웃에 관한 기사를 본 적이 있다. 커뮤니케이션 하기에는 최악의 구조라는 것이다. 비서관조차 대통령을 만나러 갈 때 차로 이동한다는 것이다. 누굴 하나 부르려고 건물에서 건물 사이를 오고 간다는 것이다. 고쳐야 한다. 국무회의실도 그렇다. 사이즈를 대폭 줄이고 책상도 없애고 빔과 컴퓨터도 없애라. 대신 대통령과 국무위원들이 붙어 앉아 서로의 눈을 보고 커뮤니케이션을 했으면 좋겠다. 여러분 회사의 회의실은 어떤가?

38 15m 이상 떨어지면
유대감이 약해진다

공간의 힘

멀리 사는 친척과 가까이 사는 이웃 중 누가 더 친하고 도움이 될까? 물리적 거리를 두고 생활하는 식구와 같은 공간에서 생활하는 식구들 사이에 발생하는 정신적 거리감은 어느 정도일까? 같은 공간에서 근무하는 동료와 다른 공간에서 일하는 동료 사이에는 어느 정도의 친밀감을 갖고 있을까? 이게 소통에 어떤 영향을 미칠까?

〈성장하는 조직의 다섯 가지 질문〉이라는 책에 다음과 같은 내용이 나온다. "정원무역(가명)이라는 회사에서 있었던 일이다. 이곳에는 A, B, C사업부가 있고 A사업부는 부서원들이 모두 한 곳에서 생활한다. B사업부는 두 개의 사업장으로 나뉘어 생활하고 있다. C사업부는 B사업부와 장소를 공유한다. 다른 사업부지만 같은 공간을 사용하는 부서가 더 친하고 비슷한 특징을 드러낸다는 결과가 나왔다." 같은 사업부에서 일하는 것보다 같은 공간을 공유하는 것이 더 친밀감을 느끼게 한다는 것이다.

이게 공간의 힘이다. 공간이 인간에게 미치는 영향이다. 그만큼 같은 공간에서 생활하는 것이 친밀감이나 소통에 미치는 영향이 큰 법이다. 같이 생활하는 친구가 떨어져 있는 부부보다 더 잘 통하는 경우도 흔하다.

같은 부서원은 같은 곳에서 일하는 것이 좋다

소통 이야기를 할 때 반드시 살펴야 하는 게 바로 공간이다. 다른 공간에서 근무하는 같은 부서 직원과 같은 공간에서 근무하는 다른 부서 직원 중 어느 쪽이 소통이 잘될까? 아마 같은 공간에서 근무하는 다른 부서 직원이 유리할 것이다. 그렇기 때문에 인수합병이나 부서 간 통폐합을 생각할 때는 서류상의 통폐합 못지않게 공간을 공유하는 물리적 결합이 중요하다. 물리적 결합이 있은 후에 화학적 결합이 일어나기 때문이다. 그런데 이게 말처럼 쉬운 일이 아니다. 업무 특성상 한곳에서 일하는 것이 불가능한 경우가 수두룩하다. 물류센터, 공장, 연구소, 지방별 거점 등은 많은 경우 같은 곳에 있기 어렵다. 이럴 경우 어떻게 할 것인가?

오래 전부터 일본에서는 이 문제를 해결하기 위해 많은 노력을 기울여 왔다. 일본 정보 통신 기술 기업 NEC의 어느 자회사는 도쿄, 오사카, 나고야 등 지역별로 흩어져 있는 직원들의 거리감을 줄이고 유대감을 높이기 위해 회의 공간에 대한 공유를 시작했다. 그뿐 아니라 일상 공유를 위해 오피스 한쪽 면에 대형 모니터를 여러 개 설치해 각자 일하는 모습을 보게 했다. 일상생활 공유 수단으로 모니터를 활용하고 있는 것이다. 이런 일상의 공유가 실적에 도움이 될까? 이 질문에 대해 이 회사 영업총괄부장 요시다 가즈도모 씨는 이렇게 말한다.

"사무실 개혁에 나선 건 10년 전 일이다. 실적이 악화되고, 사무실 분위기 삭막해져 갔기 때문이다. 자료 공유는 물론 옆자리 동료와의 대화도 거의 중단되었다. 이런 분위기 타파를 위해 시도한 것이 바로 회의실을 오피스 한가운데 두는 것이다. 회의실을 오고 가면서 자연스럽게 다른 부서 직원들 얼굴도 익히고 대화도 나누도록 유도한 것이다. 그뿐 아니다. 지역 사무소의 일상적인 모습을 보여주기 위해 한쪽 면에 대형 스크린도 설치했다. 회의를 위한 모니터가 아니다. 대형 스크린을 통해 다른 지역에 있는 동료들의 움직임을 자연스럽게 접하게 한 것이다. 마치 같은 사무실에서 생활하는 듯한 착각을 불러일으키기 위함이다. 이러한 커뮤니케이션 활성화 노력은 시간이 지나면서 빛을 발하기 시작했다. 같은 부서의 멤버는 물론 다른 부서 직원과의 커뮤니케이션이 눈에 띄게 늘어난 것이다. 같은 회사 직원이라는 유대감과 결속력이 증가했다. 유대감은 실적에도 영향을 미치기 시작했다. 일상 공유를 위한 시도를 시작했고 이후 매년 30%씩 경이적인 매출 신장이 일어나고 있다."

거리가 멀어질수록 소통 빈도도 줄어든다

'알렌 곡선(Allen Curve)'이라는 것이 있다. 1970년대 말 MIT의 토마스 알렌(Thomas J. Allen) 교수가 발견한 것으로 엔지니어 간 물리적 거리가 멀어질수록 소통 빈도가 줄어 효율적

의사소통이 어렵다는 이론이다. 여기서 물리적 거리감이 성과에 미치는 영향을 보여주는 일명 '15m 법칙'이 있다. 15m 이내의 근접성(Proximity)이 중요한 변수이고, 이 거리를 넘으면 유대감이 약해진다는 것이다. 멀리 있는 친척보다 가까이 생활하는 이웃사촌이 좋다는 말이 괜한 말은 아닌 것이다.

현재 여러분 조직의 소통 점수는 어떠한가? 별로 좋지 않다고? '사일로 현상(Silo effect ; 부서 이기주의 현상)' 때문에 힘들다고? 공간에 변화 주는 걸 한번 검토해 보라.

39 소통은 공간의 지배를 받는다

●

옛날에 비해 동네 주민 간 소통이 없어졌다는 개탄의 목소리가 높다. 아래윗집에 살지만 누가 사는지도 알지 못한다. 심지어 인사를 안 하는 경우도 많다. 대부분 인간성이 메말랐다는 식으로 매도한다. 내 생각은 다르다. 아파트 구조가 큰 역할을 했다고 생각한다. 사람들끼리 만날 수 있는 공간이 없기 때문이다. 만약 옛날식으로 아파트 중앙에 우물과 빨래터를 만들고 모든 주민이 여기 와야 물을 얻을 수 있고, 빨래를 할 수 있도록 한다면 어떨까 상상한다. 아마 주민 간 소통이 원활해지고 사이도 돈독해질 것이다. 그만큼 사는 환경은 소통과 밀접한 관련이 있다.

사무실도 그렇다. 사무실 환경은 소통에 큰 역할을 한다. 환경에 따라 소통이 달라진다. 사무실 설계에는 의사소통과 업무 집중이 핵심이다. 이 두 가지를 어떻게 적절히 조화시키느냐가 관건이다. 집중할 때는 집중하고, 소통할 때는 소통할 수 있도록 해야 한다. 정답은 없다. 직종의 특성, 조직의 상황, 인원수에 따라 다 달라지기 때문이다. 다음은 커뮤니케이션을 위한 공간을 생각할 때 고려할 사항들이다.

커뮤니케이션 공간을 기획할 때 고려할 사항들

첫째, 물리적 거리를 생각해야 한다. <u>'같은 곳(Colocation)'에 근무할 수 있고 거리가 짧으면 베스트다.</u> 현실적으로 쉽지 않다. 대부분 사무실은 떨어져 있다. 옆으로, 위아래 층으로, 심지어 옆 건물에 위치할 수도 있다. 물리적으로 상호 작용이 잘 일어나게 하는 것이 핵심이다. 여러 가지 방법이 있다. 사무실은 '각자 또 함께'라는 철학을 구현할 수 있어야 한다. 각자 독립적으로 근무하지만 마음만 먹으면 쉽게 만날 수 있는 장소가 곳곳에 있는 것이 좋다. 아니, 마음을 먹지 않아도 자연스럽게 직원들이 뒤섞일 수 있는 곳이 있어야 한다. 일테면 별도의 탕비실 대신 부서와 부서 사이에 커피머신을 설치하는 것은 좋은 방법이다. 사무 공간에서 일어나는 커뮤니케이션의 80%는 의도하지 않은 상태에서 일어난다. 보지 않으면 생각이 안 난다. 하지만 보는 순간 협조할 일, 물어볼 말이 생각난다. 자연스럽게 업무 협조가 이루어진다.

둘째, <u>방은 작게, 휴게실은 크게 하는 것이 좋다. 휴식은 달콤하게, 일할 때는 칼같이 해야 한다.</u> 창의는 '우연한 발견(Serendipity)'에서 나온다. 일본의 식품 및 의약 회사 아지노모도(Ajinomoto)의 사무실은 좁지만 복도는 무지 넓다. 미국 통신업 연구소 '벨 연구소(Nokia Bell Labs) 역시 복도가 아주 길다.

오다가다 쉬면서 대화를 나누라는 뜻이다. 지식의 충돌과 융합을 촉진해, 직원들의 창조성을 최대한 끌어내겠다는 의도다. 연구실을 좁게 한 것은 최대한 집중해서 책상 위에 온 신경을 쓰라는 의미다. 모 자동차 회사는 계속 헤매다 결국은 베스트셀링 카를 만들었다. 그런데 그 비결 중 하나로 새로 지은 연구소 구조를 말한다. 자동차 개발은 기획, 디자인, 설계, 시작(試作 ; 프로토타입 차량 제작), 시험, 생산 등 수많은 단계에서 다양한 부서가 협조를 한다. 그런데 건물 가운데 자연스럽게 만나는 공간을 마련한 덕분에, 자연스럽게 캐주얼한 소통이 이루어졌다는 것이다. 또한 개발 기간도 짧아지고 초기 품질도 좋아졌다는 것이다.

　셋째, <u>수평적인 소통 못지않게 수직적인 소통이 중요하다</u>. 층과 층 사이에 에스컬레이터를 설치하는 것도 방법이다. 서로를 마주 보게 하는 것도 좋다. 글로벌 유리업체 코닝(Corning Incorporated)은 3층 규모의 빌딩에 이를 실천했다. 1층부터 3층까지 아트리움(Atrium)을 설치했다. 어느 층에 있든지 다른 층을 보는 것이 가능하다. 에스컬레이터의 설치로 층간 커뮤니케이션이 활발해졌다. BMW의 연구소 건물도 이렇게 했다. 그 결과 5시리즈 팀과 7시리즈 팀 사이에 커뮤니케이션이 활발해졌다.

　넷째, <u>'장소 관리(Place Management)'란 개념을 이해해야 한다</u>. 공간을 관리하라는 것이다. 공간 관리를 통해 생산성을 높이자는 것이다. 모든 의사 결정이 공식적인 채널만을 통해 이루어진다면 생산성이 떨어진다. 대부분의 소통이 자연스럽게 이루어지도록 하는 것이 좋다. 쉽게 섞이고 사람들 간에 화학 반응이 잘 일어나도록 만들어야 한다. 에릭슨 연구소는 '지식 장터(Knowledge Marketplace)'를 만들었다. 이 장터는 오전 10시부

글로벌 유리업체 코닝 (Corning Incorporated) 본사의 외장은 말할 것도 없이 유리로 이루어져 있다. 코닝 본사는 또 원활한 커뮤니케이션을 위해 1층부터 3층까지 아트리움(Atrium)을 설치했다.

터 15분간, 오후 3시부터 15분간 열린다. 전 직원이 차를 마시며 잡담을 나눈다. 단 업무 이야기는 할 수 없다. 그러나 이 잡담 시간이 끝나면 업무에 몰입할 수 있어야 한다. 업무에 몰입할 때는 모여서 잡담을 할 수는 없다. 업무 시간이 조각나면 제대로 일할 수 없기 때문이다. 일과 시간엔 사적인 전화도 받지 않는다. 휴식도 딱 정해진 시간에만 한다.

유니클로 본사 사무실에 없는 것 네 가지

사람은 환경의 지배를 받는다. 시대 변화에 따라 사무실도 변해야 한다. 선두 주자 중 하나는 의류 시장의 혁신아로 일컬어지는 유니클로(Uniqlo)다. 도쿄 유니클로 본사에는 네 가지가 없다고 한다. 첫째, 개인 책상이 없다. 사무실엔 너댓 명이 함께 둘러앉을 수 있는 라운드 테이블이 여기저기 있다. 출근하면 사물함에서 사무용품을 챙겨 빈자리에 앉는다. 외출하거나 퇴근할 때는 개인용품을 사물함에 넣어 두고 나간다. 둘째, 회의실 의자가 없다. 회의를 모두 서서 해야 한다. 서서 회의를 하면 빨리 끝난다. 오래 하면 피곤하기 때문이다. 보통 10분 내에 끝난다. 핵심만 짚고, 각자 할 이야기만 하고 끝낸다.

셋째, 업무 중 대화가 없다. 일과 중 사무실에선 회의나 전화 통화 외에 옆자리 동료와 이야기를 주고받는 경우가 거의 없다. '집중 업무 공간'에선 특히 그렇다. 이곳에 들어가 있으면 아무도 말을 걸 수 없다. 휴대폰도 끄고 들어가야 한다. 넷째, 오후 7시 이후 조명이 없다. 오후 7시가 되면 자동으로 꺼진다. 모든 직원은 그 이전에 반드시 퇴근해야 한다. 절대 야근하지 말라는 조치다. 이게 소위 스마트오피스다.

지금처럼 정보 통신이 발달하고, 지식 산업이 뜨는 시대에 사무실은 무슨 의미가 있을까? 지금처럼 아침에 출근하고, 저녁에 퇴근하고, 하루 종일 사무실을 지키는 사람들 비중이 얼마나 될까? 대폭 줄어들 것이다. 그러면 회사는 어떻게 바뀔까? 앞으로는 클럽하우스처럼 변신할 가능성이 높다. 다들 알아서 일을 하는 것이다. 집에서든, 스타벅스에서든, 자신의 오피스텔에서든…. 지금 사무실에 만족하는가? 만약 고친다면 어떻게 고치고 싶은가? 환경을 바꾸면 생활이 바뀐다.

40 상대를 제압하는 카리스마의 대가(代價)

●

　부인이 바람피운 사실을 가장 늦게 아는 사람이 누구라고 생각하는가? 바로 남편이다. 회사의 고질적인 문제점을 제일 모르는 사람은 누구인가? 바로 사장이다. 조직의 정점에 있는 이들이 가장 늦게 정보를 안다는 사실은 아이러니하다. 이들의 잘못일 수도 있지만 이들이 가진 위치와 권위가 정보 단절을 만들기 때문이다. 이런 점에서 권위주의는 커뮤니케이션과 상극이다.

　카리스마 넘치는 리더는 상대를 제압하는 카리스마의 대가(代價)로 커뮤니케이션 단절을 경험해야 한다. 자신감 넘치는 목소리, 뻣뻣한 어깨, 상대를 기죽게 하는 눈빛 앞에서 많은 사람들은 작아지는 자신을 발견한다. 할 말을 못 하고, 해야 할 말노 못 한다. 그저 상대가 원하는 말이 무언지, 상대가 싫어할 말이 무언지를 파악하여 가능한 한 심기를 건드리지 않고 이야기하는 것을 목표로 한다. 당연히 솔직함은 없다. 사실을 사실대로 이야기하기는 더욱 쉽지 않다.

이는 집안에서도 마찬가지다. 집안에서 파워가 강한 가장일수록 모든 정보에서 제외된다. 무게를 잡고 늘 가족을 야단치고 호통치면서 통제하는 것을 업으로 하는 가장은 더욱 그렇다. 이런 집안에는 두 종류의 커뮤니케이션 통로가 존재한다. 가장이 있을 때와 없을 때가 그것이다. 가장이 있을 때는 별로 이야기를 하지 않는다. 하더라도 의례적인 이야기들만 오고 간다. 하지만 가장이 없을 때는 솔직한 이야기들이 오고 간다. 마음속 이야기도 나오고, 실수한 이야기와 고민거리도 자연스럽게 흘러나온다. 그렇기 때문에 모든 가족이 알고 있는 사실을 가장만 모르는 경우가 흔하다.

권위주의는 커뮤니케이션을 막는 발암 물질이다

권위주의 냄새가 나는 조직이 있다. 임원 전용 엘리베이터와 식당이 있는 곳이 그렇다. 서열 순으로 앉는 자리가 정해져 있는 조직도 그렇다. 사람들의 얼굴이 굳어 있고, 걸을 때 어깨가 굳어 있는 사람이 많은 곳도 그렇다. 이런 조직에서는 틀림없이 커뮤니케이션이 제대로 이루어지지 않는다. 권위주의가 판을 치고 관료주의가 무럭무럭 자라고 있는 조직이다. 윗사람과 아랫사람이 따로 놀고, 전체 이익보다는 부서 이익을 중요시하고, 예전 방식을 고집하고 새로운 시도를 싫어하고, 아이디어를 내고 혁신적인 사람을 왕따시키고, 가만히 앉아 불평하는 것을 낙으로 삼는 사람들이 득세하는 것이 관료주의다.

관료주의와 권위주의는 커뮤니케이션을 막는 암적 존재다. 이를 없애지 않고는 조직의 생산성을 올릴 수 없다. 장마철에 옷장 안에 쌓아둔 이불에서 나는 곰팡이 냄새를 없애기 위해서는 옷장 문을 열고, 이불을 털고, 햇볕에 말려야 한다. 조직에서 이런 역할을 하는 것이 바로 커뮤니케이션이다.

숨어 있는 문제점, 움츠러드는 사람을 밖으로 꺼내 놓아야 한다. 활발한 커뮤니케이션이 일어나도록 분위기를 만드는 것, 사람들에게 좋은 질문을 던져 생각을 자극하는 것, 이를 통해 피가 활발히 돌게 함으로써 관료주의의 텃밭을 제거하는 것이 리더가 해야 할 일이다. 리더십은 커뮤니케이션이다. 커뮤니케이션 없는 리더십 발휘는 불가능하다. 커뮤니케이션은 몸의 혈액 순환 같은 것이다. 혈액이 돌지 않는데 건강할 수 없듯이 좋은 아이디어와 비전이 있어도 커뮤니케이션이 제대로 이루어지지 않으면 생산성 높은 조직을 만들 수 없다.

41 행사장 밖 커뮤니케이션이 진짜다

얼마 전 모 회사의 창립기념일에서 초청 강연을 했다. 이 회사는 글로벌 포장 회사다. 해외에서 한국으로 오는 기업인, 한국에서 해외로 나가는 주재원들의 짐 포장과 이사를 도와준다. 외국인이 한국에서 겪는 여러 가지 일을 대행해 준다. 집 구하는 일, 자녀 학교 문제, 도우미 아줌마 구해 주는 일까지 한다.

직원 수는 100여 명밖에 안 되지만 정말 가족적인 분위기였다. 무엇보다 사회자가 인간적으로 분위기를 잘 이끌었다. 구성원들도 열렬한 박수와 환호로 창립기념일 분위기를 띄웠다. 사장님의 인사말도 인간적이었다. 격식에 얽매이지 않고 눈을 마주치면서 재미있게 이야기를 했다. 10년, 15년, 20년 근속직원들에 대한 표창도 흥미로웠다. 직원이 호명될 때마다 사장님이 코멘트를 한다. 이런 식이다. "김 부장은 결혼하고 애를 키우느라 중간에 퇴직을 했다 다시 입사를 했습니다. 워낙 일을 잘해 언제든 원하면 다시 오라고 했는데 몇 년 만에 다시 왔지요. 그녀 덕분에 회사가 많이 성장했습니다. 감사해요." 이런 말을 들은 그녀 또한 환한 미소로 인사를 했다.

행사 개최는 비용이 꽤 많이 드는 일이다

봉사 활동을 잘한 직원에게 모범상을 주었는데 사장은 이렇게 코멘트를 했다. "사실 저는 별 생각 없이 봉사 활동을 시작했습니다. 하지만 그 과정에서 많은 것을 얻었습니다. 우리 직원들의 변화를 체험했습니다. 특히 이 분이 일하는 모습은 감동이었습니다. 독거노인 집을 마치 자기 어머니 집처럼 지극정성으로 고치더군요. 그 모습에 감동을 해 이런 상을 마련했습니다." 그 직원은 몹시 수줍어하고 말도 잘 못했다. 하지만 표정에서 그가 얼마나 감동하고 있는지 느낄 수 있었다. 마침 모범상을 받은 직원은 근속상까지 받아 2관왕이 되었다. 그러자 직원들은 휘파람을 불면서 이렇게 말했다. "박 과장, 오늘 노래방 예약할까?" 그 소리에 다들 웃고 난리가 났다. 그야말로 잔칫집 분위기였다. 일 자체는 고급스러운 일은 아니지만 직원들이 일에서 느끼는 보람과 동료애는 어느 조직에도 뒤지지 않는다는 것을 느낄 수 있었다.

다른 기업들은 창립기념일이나 기타 행사를 어떻게 하고 있을까? 원하는 목적을 달성하고 있을까? 그렇지 않다는 것이 내 생각이다. 나는 기업 워크숍 특강 연사로 많은 초청을 받는다. 창립기념일, 시무식, 소통을 위한 워크숍, 비전 공유 워크숍, 분기를 정산하는 워크숍, 노사 화합 워크숍, 목표 달성을 다짐하는 워크숍 등 종류도 다양하다. 팀장 이상만 오는 경우도 있고 전 직원이 오는 경우도 있다. 인원이 많은 경우는 몇 차례에 걸쳐 나누어 강의를 진행하기도 한다.

기업 입장에서 행사는 비용이 많이 드는 일이다. 일할 시간을 행사에 투자하고 이동 비용, 숙식 비용, 행사 비용에 강사를 초청하는 비용도 든다. 제대로 된 행사를 위한 몇 가지 팁을 공유하고 싶다.

제대로 된 행사 개최를 위한 몇 가지 팁

첫째, <u>장소 선정이 매우 중요하다. 행사 성격에 맞아야 한다.</u> 어렵게 시간을 냈기 때문에 이왕이면 시간이 걸리더라도 풍광이 좋아 도착하는 순간 감탄이 절로 나오는 장소가 좋다. 풍광이 좋으면 사람들은 마음 문을 연다. 다소 내용이 딱딱하고 진행이 부드럽지 않아도 장소 그 자체에서 마음의 위로를 얻을 수 있다. 가능하면 행사장에서 주변 경치가 보이는 것이 좋다. 동네는 좋지만 사방이 꽉 막힌 강당에서 행사를 진행하는 경우가 있다. 주변 경치를 보지 못하게 커튼으로 빈틈없이 가리는 경우도 있다. 이유를 물어보니 "그래야 사람들이 강의에 집중하기 때문"이라고 한다. 내 생각은 다르다. 탁 트인 경치를 보면 마음도 열린다. 또 강의가 재미없으면 경치라도 볼 수 있게 옵션을 제공해야 한다. 눈은 강의를 보지만 얼마든지 다른 생각을 할 수 있는 것이 사람이기 때문이다.

둘째, 강의장 레이아웃이다. 우선 <u>조명을 확인해야 한다. 조명은 가능한 밝아야 한다.</u> 침침하면 분위기가 다운된다. 극장에서 강의를 한 적이 있는데 다시는 하고 싶지 않다. 분위기 조성이 되지 않기 때문이다. 조명이 어두우면 강의에 몰입하는 대신 영화 보는 모드로 들어간다. 간혹 빔 프로젝트 자료를 보기 위해 조명을 어둡게 한다는 핑계를 대지만 요즘은 빔 성능이 좋아 조명이 밝아도 다 보인다. 강단이나 연단은 없애는 것이 좋다. 물 놓을 곳만 있으면 된다. 아무 효용성이 없다. 청중과의 거리도 최대한 줄여야 한다. 청중과 가까울수록 공감대 형성이 잘되는 것은 말할 것도 없다. 사람이 많은 경우는 책상을 치우고 의자만을 놓는 것도 방법이다. 몇 시간 동안 책상이 없다고 안 될 것은 없다. 자리만 차지할 뿐이다.

셋째, <u>경영진들은 행사 전후에 직원들과 섞이면서 분위기를 만들어야 한다.</u> 노사 문제를 풀기 위한 소통의 워크숍에서 일어난 일이다. 직원들이 다 자리에 앉고 정리 정돈이 끝날 때까지 경영진들은 모습을 보이지 않았다. 이때 사회자가 이렇게 말했다. "경영진들이 들어옵니다. 다 일어나 박수로 환영합시다." 마지못해 일어나는 모습이 역력했다. 아니 소통을 하자면서 도대체 어디 있다 오는 것인가? 소통은 강의장에서 일어나지 않는다. 강의 전후에 차를 마시고 담소를 나눌 때 솔직한 말이 오고 간다. 이런 기회에 경영진과 직원들이 어울려야 소통할 수 있다. 이들과 섞여 차도 마시고, 인사도 하고, 안부도 묻고, 농담도 해야 한다. 입장도 같이 하고 앉을 때도 섞여 앉아야 한다. 그래야 이들의 속내를 알 수 있다.

넷째, <u>말밑천을 준비해야 한다.</u> 어느 행사나 처음 시작은 최고경영자의 인사말이다. 이것을 잘해야 나머지 행사가 살 수 있다. 짧지만 강력하고 인상적인 메시지를 전해야 한다. 재미있으면서 동시에 목적을 정확히 전달할 수 있어야 한다. 강의할 사람도 미리 도착해 분위기를 알고 있어야 한다. 리더십은 자기표현이다. 내가 어떤 사람인지 전할 수 있고 상대가 어떤 사람인지 알아야 한다. 말을 주고받으면서 서로에 대한 애정도 생기고 조직에 대한 충성도도 생기는 것이다. 워크숍은 이를 주고받을 수 있는 최고의 자리이고 이를 만드는 것이 바로 사장의 역할이다.

42 먼저 인사하라, 먼저 말을 건네라

군대 시절 일이다. 제대를 6개월쯤 남기고 새로 부임한 단장님의 당번병으로 내가 내정됐다는 말을 인사계로부터 들었다. 당번병은 졸병에게는 꽃보직일 수 있지만 고참에게는 맞지 않는 일이다. 내무반에 있는 게 더 편하기 때문이다. 그 일 때문에 단장님과 면담을 하게 됐다. 긴장하고 있는 내게 단장님이 먼저 자기소개를 했다. "난 육사 몇 기고, 고향은 어디고, 딸이 셋이고, 지금 사는 곳은 어디고, 취미는 무엇이고, 미국에 몇 년 간 파견을 갔었고…." 자기소개를 거의 10분 이상 한 것 같다. 보통 아랫사람에게 보고를 받고 질문하는 걸 상상했던 내겐 신선한 충격이었다. 원래는 거절을 하리라 마음을 먹었는데 단장님의 자기소개를 들으면서 난 기쁜 마음으로 당번병이 되겠다고 결심했다.

왜 내게 이런 변화가 일어났을까? 왜 내가 마음 문을 열었을까? 상사가 먼저 자기소개를 하면서 자기 마음을 열었기 때문이다. 이게 '자기 개방(Self-Disclosure)'이다.

내가 나를 숨기면 상대도 자신을 숨긴다

소통을 위해서는 내가 어떤 사람인지를 먼저 말해야 한다. 내가 나를 드러내야 상대도 자기 이야기를 시작한다. 만약 내가 나를 숨기면 상대도 자신을 숨기게 마련이다. 자연의 법칙이다. 그런데 조직에서는 어떻게 하는가? 누가 먼저 소개를 하는가? 보통은 아랫사람이 자기소개를 하고 윗사람은 그 소개를 듣는다. 내가 단장님에게 마음 문을 연 이유는 바로 나보다 훨씬 높은 분이 내게 먼저 자기소개를 하면서 내 마음 문을 열었기 때문이다.

구성원들과 소통을 하고 싶은가? 방법은 간단하다. 내가 먼저 접근하면 된다. 가장 먼저 할 것은 인사다. 먼저 인사를 하는 것이다. 구성원이 인사하기 전에 내가 먼저 인사를 건네는 것이다. '굿모닝' 하면서 이름을 불러 주는 것이다. 인사는 마음 문을 여는 노크와 같다. 인사를 한다는 건 상대를 인정하고 당신과 말을 하고 싶다는 무언의 표시다. 다음은 먼저 자기소개를 하는 것이다. "자신이 누구이고, 어떤 사람이고, 무엇을 좋아하는지" 기꺼이 자기 패를 먼저 보여주는 것이다. 마지막은 먼저 말을 건네는 것이다. "요즘 근황은 어떤지, 지난번에 그 일은 어떻게 진행되는지" 물어보는 것이다.

너무나 간단하지 않은가? 그런데 왜 이 간단한 일을 하지 못할까? 그 안에 숨어 있는 교만과 권위 의식 때문이다. 교만이란 무엇일까? 교만을 뜻하는 영어 단어 'arrogant'의 어원은 '묻지 않는 사람'이다. 묻지 않는 사람이 교만하다는 것이다. 왜 묻지 않을까? 자신이 모든 걸 다 안다고 착각하기 때문이다. 상사인 내가 먼저 말을 건넬 수는 없다는 권위 의식 때문이다.

계급이 뚜렷한 사회에서 모두가 평등한 사회로 바뀌고 있다. 직급이 높다는 건 역할이 다르다는 것 외에 아무것도 아니다. 당연히 구성원 모두를 하나의 인격체로 보고 존중해야 한다. 나나 구성원이나 다 같은 사람이란 생각을 해야 한다. 이렇게 하면 자연스럽게 소통이 이루어질 것이다. 먼저 인사하라, 먼저 말을 건네라.

43 애정과 피드백 속도는 비례한다

보험업계의 스타로 떠오르는 인물이 있다. 짧은 기간에 엄청 큰 성과를 거두고 있다. 그는 속도를 가장 중시한다. 모든 문제점을 즉각 처리해야 경쟁력이 있다고 생각한다. 그는 모든 문제를 핸드폰으로 해결한다. 자신의 핸드폰 번호를 모든 설계사들에게 공개했다. 어떤 문제든 즉각 자신에게 알리라는 것이다. 문제를 보고 받은 즉시 확인하고 이를 조치한다. 당연히 모든 사람과 언제 어디서든 통화가 가능해야 한다. 그가 가장 싫어하는 사람은 전화를 안 받거나 늦게 받는 사람이다. 임원들은 24시간 전화를 받아야 한다. '씹는' 것은 상상할 수 없다. 회사 임원이 전화를 못 받을 상황이 뭐가 있냐는 것이다. 전화를 받지 못하거나 늦게 받는 것은 회사를 사랑하지 않기 때문이라고 생각한다. 일에 대해 애정이 없기 때문이라고 생각한다.

그런가하면 이런 인물도 있다. 이 사람은 '함흥차사'란 별명을 가지고 있다. 팀장으로 일하고 있는데도, 걸핏하면 회사에 나오지 않고 중요한 일을 앞두고 연락이 안 되기 때문에 이런 별명이 붙여졌다. 이 사람은 심지어 자신이 책임을 맡은 행사가 열리는 날에도 핸드폰이 꺼져 있는 경우가 많다. 팀원들이 뭔가 물어보기 위해 문자를 해도 대부분 '씹고' 다음날 답을 하는 경우도 비일비재했다. 팀원들 입장에선 돌아가실 지경이다. 책임자가 핸드폰을 꺼 놓고 문자까지 씹고 있으니 이 일을 어떻게 하란 말인가? 하지만 팀원들 마음대로 뭔가를 진행하면 난리를 쳤다. "누구 맘대로 이런 결정을 했냐, 당신이 책임질 거냐?" 하면서 따져댔다. 팀원들은 거의 정신과 치료를 받아야 할 지경에 이르렀다. 하지만 회사에서 그의 지위는 탄탄했다. 우선 학력이 끝내줬다. 인물도 좋고 말을 잘했다. 상사들도 그가 논리력을 앞세워 따지고 들면 두 손 두 발을 다 들었다. 능력 있는 배우자 덕분에 경제력도 탄탄했다. 한 마디로 꿀릴 게 없는 사람이었다. 여차하면 회사를 그만둔다는 말도 자주 했다. 그에게 회사는 그저 심심해서 다니는 곳에 불과했다. 책임감도 헌신도 팀원에 대한 사랑도 제로였다.

충성도, 디테일에 대한 집착, 빠른 피드백

애정과 피드백 속도는 비례한다. 남녀 간의 사랑이 그렇다. 뜨겁게 사랑하는 남녀는 피드백이 빠르다. 문자를 보내면 바로 답이 온다. 전광석화 같다. 기다리던 문자이기 때문이다. 악조건 속에서도 어떻게 하든 답을 보낸다. 사랑이 식으면 답하는 속도가 느려진다. 답할 수 없는 것이 아니라 답하기 싫기 때문이다. 맘이 내키지 않기 때문이다. 답이 늦은 일이 많아지면 애정이 식었다고 보면 된다. 조직에 대한 애정도 그렇다. 조직을 사랑하면 즉각 답이 온다. 일과 시간에는 물론 퇴근 후에도 칼같이 온다. 마지못해 다니는 직장이면 일과 시간에 온 문자도 마지못해 답을 한다. 퇴근 후에는 바로 씹는다. 퇴근 후까지 업무에 얽매이기 싫기 때문이다.

가끔 워크숍 때 참가자들로 하여금 배우자에게 문자로 "나를 어떻게 생각하는가?" 물어보라는 주문을 한다. 답하는 속도와 내용을 보면 배우자와의 관계를 어느 정도 짐작할 수 있다. 내용이 충실하고 답변 속도가 빠르면 애정 전선에 아무 문제없다. 속도도 느리고 내용도 부실하면 문제가 생긴 것이다. 아예 답변이 없으면 심각한 문제가 생긴 것이다. 답할 가치를 못 느끼는 것이다.

스포츠마케팅 회사 IMG(International Management Group)의 CEO를 지낸 마크 맥코믹(Mark McCormack)은 승진의 조건으로 다음 세 가지를 내세운다. 조직에 대한 충성도, 디테일에 대한 집착, 빠른 피드백이 그것이다. 당신은 어떤 사람인가? 당신 직원 중 피드백이 빠른 사람과 느린 사람은 누구인가? 빠른 사람 중 시원치 않은 사람이 있는가? 느린 사람 중 괜찮은 사람이 있는가? 결과가 궁금하다.

44   솔직하게 말해도
         안전할 것이라는 믿음

●

　리더 앞에서 솔직한 말을 하는 사람이 얼마나 될까? 대통령 앞에서 "대통령님 이러시면 아니 되옵니다"라고 말할 수 있는 사람이 몇이나 될까? 거의 없을 것이다. 대부분 입에 발린 말, 그가 듣고 싶어 하는 말, 달콤한 말, 거짓말 등을 할 가능성이 높다. 두렵거나, 무언가 부탁할 게 있거나, 눈치를 볼 수밖에 없기 때문이다.
　그렇기 때문에 위로 올라갈수록 상대가 하는 말을 잘 구분해 들어야 한다. 나처럼 강연을 하는 사람도 마찬가지다. 이를 지언(知言)이라고 한다. 말의 시시비비, 곡직(曲直) 여부를 판단하는 능력이다. 이게 부족해 지기 앞에서 헤헤거리는 말을 있는 그대로 받아들이거나 믿는 리더는 사실상 리더로서 자격이 없다.

심리적 안전을 위한 '소속 신호(Belonging Cues)'

어떻게 소통을 잘 할 것인지는 알기 어렵다. 하지만 어떻게 하면 소통을 못하는 것인지는 확실하다. 이 가운데 넘버원은 두려움이다. 구성원들에게 두려움을 주면 소통은 이루어지지 않는다. 조직에서 구성원들은 솔직한 이야기를 하지 않는다. 보복이 두렵기 때문이다. 이런 경우 자발성은 나오지 않는다. 원활한 소통을 위해 가장 중요한 건 심리적 안전감이다. 〈1등의 습관〉이란 책에 나오는 성과가 좋은 팀의 특성 중 최고도 바로 심리적 안전감이다. 무슨 말을 해도 안전하다는 확신을 갖게 해야 성과를 낼 수 있다는 것이다.

팀워크에도 안전함이 중요하다. 개인이 아닌 팀이 일하게 하려면 안전이 핵심이다. 솔직하게 실수를 고백하거나 모른다는 사실을 말하거나, 다른 의견을 주장할 수 있어야 한다. 좋은 팀은 어려운 문제를 함께 해결하는 데 더 큰 관심을 쏟는다. 리더는 이런 메시지를 지속적으로 주어야 한다. 당신은 이 집단에 속해 있다, 이 집단은 특별하며 기준이 높다, 당신이 이 기준에 도달할 수 있다. 심리적 안전을 위한 '소속 신호(Belonging Cues)'도 중요하다.

한 팀이라는 무의식을 불러일으키게 하는 행동들이 실은 사소하고 원시적인 것들이다. 첫째, 구성원들이 비슷한 비중으로 말하고 듣는다. 둘째, 자주 시선을 마주치고 활력 있는 제스처를 보인다. 셋째, 서로 직접 소통한다. 넷째, 팀 안에 대화 채널이 있다. 다섯째, 주기적으로 외부에서 활동하고, 복귀하면 습득한 정보를 나눈다.

소통에서 가장 중요한 것은 안전이다. 안전해야 한다. 안전하지 않으면 사람들은 입을 열지 않는다. 모 기업 상무는 자기표현도 명확하고 상대의 말도 잘 들어주는 사람이다. 소통과 관련해 아무 문제가 없는 사람이다. 하지만 그는 늘 임원 회의에서 헤맨다고 고민을 털어놓는다. 다들 굳은 표정으로 있어 엄숙한데다 상사가 질문이라도 하면 머릿속이 하얗게 변하면서 무슨 말을 해야 좋을지 모른다는 것이다. 그래서 회의 전날이면 자신이 해야 할 말을 쪽지에 써서 읽다시피 한다는 것이다. 그의 문제점은 개인의 문제점이 아니라 딱딱한 분위기를 연출하는 회사의 문제점이다.

소통을 위해서는 분위기를 잘 만들어야 한다. 다른 사람으로 하여금 자신의 솔직한 속내를 잘 털어놓도록 해야 한다. 난 회의를 시작할 때 최근 가장 행복했던 일에 관한 에피소드를 몇몇 사람에게 묻는다. 사뭇 분위기가 달라지는 걸 느낀다.

상사와 대화를 나누면 가슴이 답답한가?

안전을 위해 필요한 게 있다. 공감이라는 심리적 산소다. 공감이 없는 곳에서 말하는 건 산소 없는 곳에서 말하는 것과 같다. 상사와 대화 후 가슴이 답답한가? 아니면 가슴이 시원한가? 상사를 만날 생각을 하면 설레는가? 아니면 걱정부터 되는가? 최근 소통을 하면서 기분이 좋았던 기억이 있는가? 왜 그랬던 것 같은가?

안전한 분위기를 만들기 위해서는 다음 행동이 도움이 된다. 가능하면 자신의 주장을 줄이고 직원의 이야기를 들어야 한다. 절대 혼자 마이크를 잡으면 안 된다. 말과 듣는 것의 비중은 3대

7 정도가 적당하다. 참석한 모든 직원들에게 발언권을 주어야 한다. 진심으로 좋은 질문을 준비해 던져야 한다. 가능하면 말을 자르지 말고 인내심을 갖고 들어야 한다. 이해가 어려울 때는 다시 한번 말해 줄 것을 요청하거나 자신이 이해한 걸 말해 확인을 받는다. 모를 때는 거리낌 없이 모른다는 말을 해야 한다. 모른다는 말을 자주 할수록 직원들은 더 열심히 가르쳐 주려고 애쓸 것이다. 그냥 듣는 대신 적극적으로 눈을 보고 맞장구를 치면서 들어야 한다. 이런 것이 한두 번으로 그치면 안 된다. 완전히 습관으로 자리 잡아야 한다.

45   통하지 않으면 아프고, 통하면 아프지 않다

커뮤니케이션은 나눔이다. 정보의 나눔, 느낌과 감정의 나눔, 고통과 기쁨의 나눔이 커뮤니케이션이다. 효과적인 커뮤니케이션을 위해 무엇이 필요하고 무엇을 어떻게 해야 하는지 살펴보자.

효과적인 커뮤니케이션을 위해 필요한 것

첫째, <u>권위주의를 해결해야 한다. 권위주의는 소통의 장애물이다.</u> 지금 같은 밀레니얼 세대에게 있어서는 말할 것도 없다. 집안에 카리스마가 강하고 목소리가 큰 어른이 있을 경우를 생각해 보자. 집안에서는 누구도 이야기를 하려고 하지 않는다. 오로지 그분의 말씀만이 있을 뿐이다. 나머지는 모두 관중으로 전락한다. 계급이 뚜렷하고 권위주의가 강한 조직에서의 소통도 이렇다. 이 눈치 저 눈치 보아야 할 것이 너무 많기 때문이다. 현장의 이야기, 진실한 이야기보다는 윗사람의 심기를 건드리지 않는 이야기, 윗사람이 좋아할 만한 이야기만을 골라서 하게 된다. 당연히 원활한 커뮤니케이션이 이루어지지 않는다.

둘째, 경청하는 문화를 만들어야 한다. <u>커뮤니케이션의 출발점은 경청이다.</u> 잘 들어주는 사람은 소통에 능하고 잘 듣지 못하는 사람은 소통에 문제가 생긴다. 그 사람은 "말이 너무 많다"는 비난은 자주 있지만 그 사람은 "말을 너무 잘 듣는다"는 비난은 들어본 적이 없다. 경청을 해야 무언가 배울 수 있다. 말을 하는 동안 우리는 배울 수 없다. 무언가 배우기 위해서는 입을 다물고 질문을 하면서 상대의 이야기에 귀를 기울여야 한다. 우리는 들으면서 배운다. 내 귀를 열어야 상대의 입을 열 수 있다.

특히 직급이 높은 사람은 더욱 그렇다. 최고경영자가 경청을 잘하는 조직은 커뮤니케이션의 파이프라인이 살아 움직인다. 잘 들어주기 때문에 현장의 정보, 문제점, 소리들이 생생하게 위로 올라온다. 반대로 최고경영자의 귀가 막히면 아무런 정보도 위로 올라오지 않는다. 말해 봐야 소용없다고 판단되는 순간 사람들은 입 열기를 멈추기 때문이다. 그리고 조직은 이때부터 망가지기 시작한다.

셋째, 분위기를 잘 만들 수 있어야 한다. <u>커뮤니케이션에서 말이 차지하는 비중은 10%가 되지 않는다. 말보다는 표정, 몸짓, 태도 등이 훨씬 높은 비중을 차지한다.</u> 원활한 소통이 이루어지기 위해서는 소통이 잘되는 우호적이고 부드러운 분위기를 만들 수 있어야 한다. 밝은 표정으로 굳은 사람들의 마음 문을 열 수 있어야 한다. 잔뜩 찌푸린 얼굴은 그 자체로 사람들을 얼어붙게 만든다. 이런 의미에서 회의 때 인상을 쓰고 있는 사람들은 파업

팻 서밋(Pat Summitt)은 미국 여자 대학 농구의 전설적인 감독이다. 그는 질문을 통해 선수들과 공감대를 형성하고 이로써 선수들 스스로 결론을 이끌어 내도록 했다. 그가 감독으로 있었던 미국 테네시대학교(University of Tennessee)에 그의 동상이 있다.

을 하고 있는 것과 같다. 찡그린 인상은 주변 사람들에게 "내 상태가 좋지 않으니 절대 말을 걸지 말라"고 주문하는 것과 다른 바 없다. 소통을 위해서는 분위기를 부드럽게 만들고 상대의 마음을 무장해제시킬 수 있어야 한다. 부드러운 표정, 말씨, 유머를 보여줄 수 있어야 한다. 자신의 솔직함을 보여줌으로써 상대를 안심시킬 수 있어야 한다.

넷째, <u>생산적 피드백이 중요하다. 화를 내는 대신 건강한 피드백을 해야 한다.</u> 피드백은 해야 할 것은 하라고 하고, 하지 말아야 할 건 하지 말라고 말하는 것이다. 그런데 피드백은 하되 감정을 건드리지 않아야 한다.

한 글로벌 기업의 CEO는 피드백에 대해 이렇게 말한다. "화를 낼 때는 화를 내야 합니다. 하지만 자칫 화를 잘못 내면 조직은 가라앉습니다. 평직원이 화를 내도 분위기가 처져 일하기 힘든데 하물며 리더가 화를 낸다면 조직이 어떻게 되겠습니까? 리더는 계산을 하고 화를 내야 합니다. 실수에 대해 불같이 화를 내면 리더 자신의 마음이야 편하겠지만 그 다음은 어떻게 되겠습니까? 실수한 당사자는 물론 나머지 다른 사람들도 리더의 눈치를 볼 수밖에 없습니다. 그렇게 되면 리더 역시 굳어진 분위기를 돌려놓을 만한 적절한 상황을 만들기 어렵지요. 경제 논리로 보아도 전혀 이롭지 않습니다."

다섯째, <u>공감대를 형성할 수 있어야 한다. 공감대를 형성하는 방법 중의 하나는 질문을 하는 것이다. 상대의 생각을 물어보고 참여시키는 것이다.</u> 이런 면에서 'NCAA(National Collegiate Athletic Association ; 미국 대학 스포츠 연맹) 여자 농구 대회'에서 8번이나 우승을 차지한 팻 서밋(Pat Summitt) 감독은 탁월

했다. 이 감독은 하프타임을 전략적으로 활용했다. 질문을 통해 공감대를 최대한 형성하고 여기서 결론을 이끌어 내도록 했다. 하프타임이 되면 우선 선수들끼리 게임에 대해 토의하고 반성하도록 하고 자신은 코치들과 의견을 나눈다. 게임에 대해 제일 많이 느끼고 있고 할 말이 많은 이들은 바로 선수들이기 때문이다. 활발하게 의견 개진을 하게 한 후 모두 모여 다시 대화를 나눈다. 무엇이 문제였다고 생각하느냐, 그래서 대안은 무엇이냐 등의 질문을 하고 선수들의 말을 들은 후 비로소 자신의 생각을 이야기한다. 자신의 생각과는 다르지만 감독이 시켜서 하는 것과 자신의 생각을 더해서 하는 것 중 어떤 것이 힘이 있다고 생각하는가?

한의학 격언에 "불통즉통 통즉불통—(不通則痛 通則不痛)"이라는 말이 있다. "통하지 않으면 아프고, 통하면 아프지 않다"는 뜻이다. 사람의 몸만 이런 것이 아니다. 조직도 이렇다. 그러므로 소통이 잘되는 조직을 만드는 것은 모든 사람들의 관심사다.

경영 컨설턴트
한근태의 소통 10계명

1 말을 걸어라

말하지 못할 내용은 없다. 말은 많이 하는 게 좋다. 시스템이 갖춰지면 모르겠지만 아직은 스킨십이 필요하고 공감대가 중요하다. 스킨십과 공감대는 대화로써 이루어진다. 격식을 차리지 말고 대화에 나서라. "이런 말까지 해야 하나?" 하는 말까지 하라. 말이 줄어들면 뭔가 문제가 있는 것이다. 내세우고 싶은 게 많으면 말이 늘어난다. 어느 때나 어떤 방식이든 상관없다. 말을 걸어라.

2 정보보다, 정보의 콘텍스트에 대해 설명하라

대부분 배경 설명을 5분 동안 하고 정보 내용 전달에 55분을 쓴다. 때로는 배경 설명을 아예 하지도 않는다. 그러니까 진실이 왜곡되고 오해와 억측이 생긴다. 루머가 만들어진다. 정보의 콘텍스트에 대해 충분히 설명하라. 아니 설명만으로 부족하다. 설득해라. 머리가 아닌 가슴으로 이해하게 하라.

3 하고 싶은 말만 하지 마라

모든 이야기를 테이블 위에 올려라. 특히 잘못된 것, 말하기 껄끄러운 것부터 말하라. 방어부터 하지 마라. 숨기지 마라. 거짓말하지 마라. 돌이킬 수 없다.

4 소통의 기본은 공유와 참여다

보고란 말 대신 공유란 말을 써라. 사후에 결과만 전달하지 말라는 말이다. 과정에 함께 참여하게 하라. 사내 홍보는 중요하다. 생각을 보태고 잘못된 것을 시정할 기회를 준다.

5 전달이 안 되면 말한 사람의 책임이다

나는 분명히 말했다. 못 들었다면 아무 의미가 없다. 한번 이야기했으니까 알아들었겠지? 말을 했다는 것은 중요하지 않다. 들은 사람이 들었다고 해야 한다. 전달이 안 되면 무조건 말한 사람 책임이다. 그러니까 알아듣게 해야 한다. 반복해서 해야 한다. 듣고 충분히 이해할 때까지.

6 아래에서 위로 올라가는 소통도 중요하다

물은 위에서 아래로 흐른다. 소통은 반드시 그렇지 않다. 때로는 아래에서 위로 올라가는 것이 더 효과적이다. 위에서 말을 하면 아랫사람이 불만을 토로하기 쉽지 않다. 그러나 아래 직원이 이야기를 꺼내면 윗사람은 반론을 제기할 것이다. 서로가 솔직해지고 허심탄회한 대화가 시작된다. 예의만 지킨다면 훨씬 효과적인 소통이 이루어진다. 소통의 책임은 위에만 있지 않다. 아랫사람도 공동 책임이다. 물론, 말할 수 있는 여건과 분위기는 위에서 만들어 주어야 한다.

7 모르면 물어 봐라

자기가 해결할 수 있다고, 자기 생각이 맞을 거라고 착각하지 마라. 아무 문제 아니라고 판단하지 마라. 가장 위험한 것은 추측과 예단이다. 바쁘신데 이런 것까지 물어봐야 하나? 물어보면 내가 무능해 보이지 않을까? 심려 끼쳐 드리지 않고 내가 해결해야지? 이런 것 없다. 왜 혼자 책임을 떠안고 있는가? 왜 무거운 짐을 혼자 지는가? 모르면 물어봐라. 특히 중대한 사안은 반드시 확인하라. 서로 크로스체크하라. 그래야 위기를 막고, 문제를 사전에 차단할 수 있다.

8 핑퐁하지 마라

갑은 을이 할 거로 생각한다. 을은 갑이 할 거로 생각한다. 갑과 을은 서로 말을 안 한다. 할 일이 중간에 붕 뜬다. 누군가 할 거라고 생각하면 아무도 안 한다. 무주공산이다. 책임과 역할의 사각지대가 나온다. 담당을 명확히 해야 한다. 디테일하게 챙겨야 한다.

9 말을 했으면 지켜라

유야무야는 소통의 적이다. 지키지 않으면 다음 대화가 안 된다. 해도 그만, 안 해도 그만이면 누가 번거롭게 말하려 하겠는가? 이행 여부를 반드시 챙겨라. 그래서 결과를 만들어 내는 소통이 돼야 한다.

10 부하 직원이 고개를 끄덕인다고 공감한 것은 아니다

표정을 지배할 수는 있지만 생각을 지배할 수는 없다. 생각을 지배해도 마음을 지배할 수는 없다. 직원과의 논쟁에서 이겨 통쾌하게 생각할 수 있다. 그런데 상대는 반감만 쌓일 수 있다. 회사에서는 진정한 승복은 쉽지 않다. 텔레비전 토론 프로그램도 그렇다. 상대의 주장이 옳다고 수용하는 것을 본 적이 없다. 간혹 겉으로 수긍하는 장면이 있어도 맘에서 우러나온 것은 아니다. 대부분 자기주장만 하다 끝난다.

경영 컨설턴트
한근태

　서울에서 태어나 경복고등학교와 서울대학교 섬유공학과를 졸업하고 미국 애크런대학교에서 고분자공학 박사 학위를 받았다. 39세에 대우자동차 최연소 이사로 임명돼 화제가 되기도 했다. 40대 초반에 돌연 사직서를 제출하고 IBS컨설팅 그룹에 입사하며 경영 컨설턴트의 길로 들어섰다. 경영 현장에서 2년간 실무를 익힌 후 다시 유학길에 올랐고 핀란드 헬싱키대학교에서 경영학 석사 학위를 받았다.

　한국리더십센터(미국 프랭클린 사의 한국 파트너) 소장을 역임했다. 지금까지 수많은 기업을 상대로 리더십과 성공 노하우를 주제로 열정적인 강의를 펼치고 있다. 대한민국 주요 기업의 자문과 교육을 병행하며 변화를 갈망하는 CEO들의 멘토로 명성을 쌓고 있다. 3천 번이 넘는 기업 강의와 700명이 넘는 CEO에게 경영 코치를 했다. 삼성경제연구소 세리CEO의 〈북리뷰〉 칼럼을 15년 넘게 연재했다. 그 외 〈DBR〉과 〈머니투데이〉 등에 고정 서평과 칼럼을 연재하며 활발한 활동을 하고 있다.

　〈고수의 유머론〉 〈은유의 문장들〉 〈결혼을 공부하라〉 〈애매한 걸 정리해주는 사전〉 〈재정의〉 〈당신이 누구인지 책으로 증명하라〉 〈역설의 역설〉 〈한근태의 독서일기〉 〈누가 미래를 주도하는가〉 〈리더의 비유〉 〈고수의 일침〉 〈한근태의 인생참고서〉 〈일생에 한 번은 고수를 만나라〉 〈몸이 먼저다〉 〈잠들기 전 10분이 나의 내일을 결정한다〉 등 다수의 저서가 있다.

소통,
리더의
자격

발행일	2024년 9월 15일
지은이	한근태
발행인	이지순
편집	이상영, 이남우
디자인	BESTSELLER BANANA
교정	한바다
마케팅	㈜위대한경영자
발행처	뜻있는도서출판
주소	창원시 성산구 중앙대로 228번길 6 CTR빌딩 3층
전화	055-282-1457
팩스	055-283-1457
전자메일	ez9305@hanmail.net
등록번호	제567-2020-000007호

ISBN 979-11-985307-7-6

값 17,000원